改訂版

介護職員を 利用者・家族による ハラスメントから守る本

社会福祉士・公認心理師・
臨床心理士・介護福祉ライター 宮下公美子［著］

弁護士 海野宏行［法律監修］

日本法令®

ハラスメント防止の説明用文書 

皆様へのお願い

気持ちよく支援を受けていただくためには、皆様と職員が互いに信頼し合い、良い関係で結ばれていることが大切です。良い支援を続けられるよう、ハラスメント（迷惑行為）に当たる以下のような行為はつつしんでくださいますようお願いいたします。

以下のような行為があると、支援を続けられなくなることもあります。

暴力をふるう

殴る、蹴る、つねる、たたく、ひっかくなど

暴言をはく

デブ、バカ、グズ、黙ってやれ、土下座しろなど

どなりつける

大声を出してどなりつける、おどして従わせるなど

物を投げる

灰皿、コップ、はさみ、ペン、書類を投げつけるなど

物にあたる

机をたたく、イスを蹴る、食事をぶちまけるなど

つばをはく

介護職等の顔や身体に向かい、つばをはきかけるなど

『改訂版　介護職員を利用者・家族によるハラスメントから守る本』（日本法令刊）イラスト：しまだ・ひろみ

以下のような行為があると、支援を続けられなくなることもあります。

介護保険外の支援を求める

ペットの世話、草木の水やり、家族の食事の支度など

ケアプランにない支援を求める

「調理」の約束なのに、買い物、入浴介助を求めるなど

体にさわる

お尻や胸などに触る、抱きつく、なめる、キスするなど

個人情報を聞く

電話番号、住所、メールアドレス、家族構成などを聞く

エッチなことを言う

胸が大きい、股間を洗って、抱かせてくれなどと言う

エッチなビデオを見せる

エッチなビデオや雑誌などをわざと見えるようにする

陰部を見せる

不必要な場面で陰部を見せる、自慰行為を見せるなど

陰部をさわらせる

陰部を洗うよう求める、触らせようとするなど

体の写真を撮る

お尻や胸の写真を撮る、ジロジロと見るなど

『改訂版　介護職員を利用者・家族によるハラスメントから守る本』（日本法令刊）イラスト：しまだ・ひろみ

改訂版に寄せて

2020年に、この本の初版を出版した頃、「ハラスメントにどう対応していいかわからない」という以前に、「何がハラスメントにあたるのかがわからない」という声が多数聞かれました。だから、利用者やその家族からの不適切と感じた行為を報告していいのか、事業所として対応すべきなのかどうかもわからない、と。

今も、そうした声を聞くことはあります。しかし、介護現場のハラスメント対策の研修講師を務めていると、受講者から「ハラスメントから職員を、自分自身を守りたい」「そのために、何をすべきかを学びたい」という強い思いを感じるようになりました。

この間に、医師等が患者やその家族に命を奪われる不幸な事件があり、医療や介護の現場だけでなく、行政や警察も「介護・医療現場を守る」という意識が高まりました。

また、一般社会でも「カスタマーハラスメント（カスハラ）」という言葉が定着しました。利用者・顧客からの要望やクレームを何でも忍耐強く受け止めるのではなく、行きすぎた行為や要求は拒否する姿勢を打ち出す。そんな企業が増えています。ハラスメント防止に対する社会全体の意識は、初版刊行時と比べて格段に高まったことを感じます。

今回、改訂版制作に当たっては、ここ数年のハラスメントを巡る社会の動きに合わせて内容をブラッシュアップし、ハラスメントの実例と対応を追加しました。また、ハラスメントが起きる原因を心理面から考えるページを充実させました。ハラスメントへの理解を深める参考にしていただければ幸いです。

初版でも書きましたが、この本では、ハラスメント対応の「正解」を示しているわけではありません。伝えたかったのは、ハラスメントはなぜ起こり、どのような考え方でハラスメントを防ぐか、そして、不幸にもハラスメントが起きたときにはどう対応するかについての「考え方」です。ハラスメントへの対応に、「こうすればうまくいく」という「絶対の正解」はありません。対人援助においては、むしろそうした「正解」を求める姿勢こそが、ハラスメントの遠因となる可能性があることを意識する必要があります。より望ましい対応を、この本に書かれていることも参考にしながら、それぞれの職場で一人ひとりの要援護者と向き合いながら考えていただくことが大切なのです。

筆者は、わずかながら心理士として勤務をしていますが、この本の役割は心理カウンセリングでの対応と似ていると考えています。カウンセリングを受けに来るクライアントには、悩み事を解決する答えをカウンセラーに求める人もいます。しかし、カウンセラーが答えを示すことはありません。答えはすでにその人の中にあり、それをクライアントが自分で見つけられるよう支援するのがカウンセラーの役割です。悩み事は、なくならないかもしれません。しかし、なくならない悩み事と上手に付き合う方法を一緒に探していくのがカウンセリングであり、カウンセラーの役割なのです。

皆さんにも、利用者やその家族からのハラスメントを完全になくすことができなくても、この本を用いて「上手に付き合う方法」を見つけ出していただければと思います。

この本は、主に高齢者介護の現場でのハラスメントを想定して書きました。しかし、ハラスメントは対人援助のあらゆる職場で起こり得るものです。そのため、あえて支援の対象者を「利用者」ではなく、「要援護者」と表記しました。あらゆる対人援助の場で奮闘する、すべての対人援助職に向けてこの本を贈ります。

自分の言動がハラスメントであることを承知の上で、行為に及んでいる要援護者・その家族は、ごく一部です。そのため、この本では「ハラスメント」という言葉を使わずに、「不適切な行為」と記述している箇所があります。 違和感を覚えるところもあるかと思いますが、ご理解いただければ幸いです。

最後になりましたが、忙しい仕事の合間に時間を割き、改訂版制作にご協力くださった皆様に心より御礼申し上げます。ありがとうございました。

2024年11月　宮下 公美子

もくじ

第５章　「芽」で摘むハラスメントの事前対策

第６章　ハラスメントの事後対応・再発防止策

第７章　ハラスメント対応の課題

第８章　ハラスメントの実例とその対応

第９章　契約書等の記載事項

終　章　ハラスメント問題が起きにくい職場とは

※　本書では、イラストにより一目でわかるハラスメント防止の説明用文書（A4 表裏）を作成しました（巻頭カラーページ)。日本法令ホームページから無料でダウンロードできます。契約時の説明の際などに是非ご活用ください。ダウンロード・ご利用の方法は、巻末をご覧ください。なお、ダウンロード特典のご利用は、購入者限定とさせていただきます。

第１章

介護職等へのハラスメントの実態と国、自治体の対応

介護をはじめとした対人援助の現場における、要援護者やその家族からの介護職等に対する不適切な行為は、今、「ハラスメント」と認識されるようになりました。この章では、その実態が一般社会に広く知られるようになったきっかけと、それを受けて国、自治体がとった対応等を説明します。

第１節　民間ハラスメント調査が示した介護現場の実態

(1) ようやく表面化した介護現場のハラスメント

暴力や暴言、不当な要求、性的嫌がらせなど、介護現場で介護職等が要援護者・その家族から受ける様々な不適切行為――それは、介護業界では長い間、表に出てこない“隠れた問題”でした。介護職等の多くはそうした行為に悩んでいても、自らそれを声高に訴え、対策、防止策を求めることができなかったのです。そのために、介護現場で起きている不適切な行為の存在は、一般にはほとんど知られていませんでした。

しかし2018年6月、介護現場での深刻な不適切行為が、「ハラスメント」として広く一般社会に知られるようになりました。きっかけとなったのは、UAゼンセン日本介護クラフトユニオン（以下、NCCU）が、介護職等を対象に実施した「ご利用者・ご家族からのハラスメントに関するアンケート（以下、ハラスメント調査）」です。その結果がマスコミで大きく報道され、「介護現場のハラスメント」の存在が明らかになったのです。

ハラスメント行為を受けたことがあるとの回答は、調査協力者の7割強に上りました。この「ハラスメント調査」では最後に、実際に体験したハラスメントの内容を自由に記述する欄が設けられています。後段で触れますが、フリーアンサーでは数々のすさまじいハラスメント行為が報告されました。その被害の深刻さは国を動かします。そして国は、利用者やその家族によるハラスメント対策の施策を、矢継ぎ早に打ち出していったのです。

■１-１　日本介護クラフトユニオンによる「ご利用者・ご家族からのハラスメントに関するアンケート」調査の概要

調査期間	2018年４月上旬～５月31日
調査対象	日本クラフトユニオン組合員（調査当時）
調査方法	隔月発行の機関誌「NCCU　NEWS」にアンケート用紙と切手不要の返信用封筒を同封して協力を求めた
送付総数	約78,000件
返 送 数	2,411件

(2) 日本介護クラフトユニオンによる調査結果が示したこと

Ⅰ．調査方法・ハラスメントの種類と定義

ここでは、NCCUによる「ハラスメント調査」のフリーアンサーから、回答した介護職等の思いを見ていきます※。

なお、この項では、NCCUの表記に合わせて、支援対象者を「要援護者」ではなく「利用者」と表記します。

フリーアンサーには、利用者等からのハラスメントの実態が約600件書かれており、読むに堪えないような行為も少なくありませんでした。一方で、事前の対策等によって、ハラスメント行為を避けられるのではないかと感じた記述もありました。

これら、約600件のフリーアンサーをもとに、筆者が行為者を「利用者」「家族等」に分け、「身体的暴力」「精神的暴力」「セクシュアルハラスメント」の３つに分類、コメント数を数えてみました。

３つのハラスメントの定義は、2022年３月に改訂された厚生労働省による「介護現場におけるハラスメント対策マニュアル（以下、対策マニュアル）」[1)]に準じています。

この定義に従って分類したところ、「身体的暴力」に該当する記

■1-2　厚生労働省「介護現場におけるハラスメント対策マニュアル（令和４（2022）年３月改訂）」[1)] における定義

分　類	定　義	例
身体的暴力	身体的な力を使って危害を及ぼす行為	コップを投げつける／蹴る／唾を吐く
精神的暴力	個人の尊厳や人格を言葉や態度によって傷つけたり、おとしめたりする行為	大声を発する／怒鳴る／特定の職員にいやがらせをする／「この程度できて当然」と理不尽なサービスを要求する
セクシュアルハラスメント	意に添わない性的誘いかけ、好意的態度の要求等、性的ないやがらせ行為	必要もなく手や腕を触る／抱きしめる／入浴介助中、あからさまに性的な話をする

述は123件、「精神的暴力」が566件、「セクシュアルハラスメント（以下、セクハラ）」が414件となりました。１つのフリーアンサーに含まれている複数のハラスメント行為を分類したため、合計数はフリーアンサー総数より多くなっています。

では、具体的に見てみましょう。

※　データの分析に当たり、NCCUより「ご利用者・ご家族からのハラスメントに関するアンケート」の調査データの提供を受け、筆者が分類、集計し、グラフ、表組の作成を行った。

刃物やはさみを向けられるなど 身の危険を感じる「身体的暴力」

「身体的暴力」に該当する記述は、たたく、蹴る、つねる、突き飛ばす、唾を吐きかけるなど、「暴力をふるう」行為が多く、これが99件に上ります。このうち、３件は家族等からの行為です。

「暴力をふるう」行為の中には、賞味期限が切れた菓子や不衛生な飲み物を勧められて飲食せざるを得なかったという記述も見られました。介護職等の健康被害が心配になります。

また、認知症や脳疾患、幻覚等による暴力という記述も複数ありました。厚生労働省「対策マニュアル」では、認知症などの病気や障がいの症状として表れた言動は、ハラスメントとしてではなく医療的ケアで対応する必要があるとされています。

医療的ケアが必要な場合もあると思いますが、介護職等の対応を見直したことで、暴言、暴力等が収まる場合もあります。対応のあり方については後述しますが、「病気や障がいの症状かハラスメントか」にこだわったり、「これはハラスメントだ」とレッテルを貼ってそこで思考停止したりしないことが大切です。

一方、灰皿を投げたり、椅子を蹴ったりという「物を投げる、物にあたる」行為についての記述は、24件見られました。おむつ交換の際、投げつけられたグラスが床に落ちて粉々に割れ、退職を考えるほど強い精神的苦痛を受けた――そんな胸が痛むような内容の記述もありました。

■ 1-3　身体的暴力についてのフリーアンサーの記述

行　為	具体的内容	利用者から	家族等から
暴力をふるう	つねる、たたく、蹴る、ひっかく、手を振り払う、突き飛ばす、かみつく、殴る、髪の毛を引っ張る、首を絞める、洋服を破く、はさみを突きつける、唾を吐きかける、刃物をちらつかせる　等	96件	3件
物を投げる、物にあたる	灰皿を投げる、コップを投げる、はさみを投げる、食事をぶちまける、テーブルや椅子を蹴る・たたく　等	24件	－
身体的暴力についての記述の合計数　123件		**120件**	**3件**

尊厳を傷つけられ、
言動に振り回される「精神的暴力」

「精神的暴力」に該当する記述は、566件と、３つのハラスメント行為の中で最も多くなっています。2019年２月に国が実施した「介護現場におけるハラスメント調査」においても、この１年間に利用者からハラスメントを受けたことがある回答者は、サービスの種別を問わず、その約６～７割が「精神的暴力」の被害を受けたと答えています（家族等からのハラスメントでは回答者の約８～９割）。

NCCUの「ハラスメント調査」で挙げられた「精神的暴力」の内容は、「暴言」が183件（このうち、家族等によるものが25件）、「怒鳴る」が118件（同、13件）、「不適切なサービスの強要」が114件（同、16件）などとなっています。

「暴言」の内容を見ると、通常の対人関係の中ではあまり耳にすることがない、「バカ」「デブ」「クズ」など、尊厳を傷つける言葉が目につきます。また、「金を払っているのだから何でもやれ」「口答えをするな」など、介護職等をまるで使用人のように扱っていると感じる記述も多数見られました。

さらには、「こんな汚い仕事をよくやるな」「こんな安い給料でよくやっていけるな」など、介護の仕事をおとしめるようなことを言われたという記述もありました。利用者を支えるため、誇りを持って取り組んでいる仕事について、当の利用者から、このような言葉を投げつけられるのは耐えがたいことだろうと感じます。

「怒鳴る」の内容では、利用者等が酔って怒鳴る、気に入らないことがあると怒鳴るなど、利用者等の気分に介護職等が振り回されている様子がうかがえました。「不適切なサービスの強要」では、不適切なサービス提供を断ると、事業所や役所に電話するぞ、と脅されたり、契約を解除されたりしたという記述もありました。こうした「精神的暴力」の背景には、利用者等が抱えるその人固有のストレスの存在や、介護保険サービスの目的の理解の不十分さがあるのかもしれません。

■ 1-4　精神的暴力についてのフリーアンサーの記述

行　為	具体的内容	利用者から	家族等から
暴　言	デブ、バカ、不細工、下手くそ、クズ、のろま、不器用、無能、黙ってやれ、口答えするな、常識がない、金を払っているのだから何でもやれ、死ねばいい、年寄りを食い物にしている、幼児以下の役立たず、介護に向いていない、料理がまずい、おまえなんか辞めさせる、こんなこともわからないのか、すぐクビにできるんだからな、使えないやつ、こんな安い給料でよく食っていけるな、こんな汚い仕事をよくするな、等の発言の他、土下座の強要、過剰・執拗な叱責、人格否定、民族差別発言、女性差別発言　等	158 件	25 件
怒鳴る	大声を出す、激怒する、罵声を浴びせる、恫喝する、罵倒する、「殺される」と叫ぶ　等	105 件	13 件
不適切なサービスの強要	薬の仕分け、酒・たばこの購入、窓拭き、郵便物の投函、浣腸、プロ並の清掃、窓拭き、家族の分までの掃除・調理・洗濯、本人不在時のサービス提供、ペットの世話、花の水やり、公共料金の払い込み、通帳の記帳、預金の引き出し、粗大ゴミを出す、来客への茶菓の提供、サービス終了時間に新たな仕事を頼んでくる　等	98 件	16 件
他の介護職等との比較	他の介護職はやってくれた、他の事業所はやってくれた　等	47 件	―
言いがかりをつける	泥棒扱い、洗濯物が縮んだ、掃除機を壊した、マットを汚した、更衣のせいで熱が出た、虐待を受けた、根も葉もない中傷をする　等	30 件	3 件

次ページにつづく

■ 1-4　精神的暴力についてのフリーアンサーの記述（つづき）

行　為	具体的内容	利用者から	家族等から
個人情報を求めてくる	住所、電話番号、メールアドレス、未婚か既婚か、誕生日、年収、家族構成、家の間取り、他の利用者の個人情報、かかわるスタッフの経歴書の閲覧　等	18 件	3 件
こだわりを押しつける	要望が細かい、思い通りのやり方をしないと気に入らない　等	17 件	2 件
無視する	無視する、口をきかない　等	11 件	―
指示が一定しない	調理の途中で料理の変更を求める、やり方を確認してもしなくても怒る　等	6 件	1 件
その他	ずっと見張っている、借金の申し入れ、ビデオカメラでの録画、頻回な電話　等	11 件	2 件
精神的暴力についての記述の合計数　566 件		**501 件**	**65 件**

支援先で性の対象にされる理不尽
「セクシュアルハラスメント」

セクハラ行為についての記述は414件。ケアを提供しに行った先で起きているとは思えないような、すさまじい性的な嫌がらせ行為を受けている介護職等の多さに驚きます。未遂も含め、胸やお尻など「体に触れる」行為についての記述は192件（このうち、家族等によるものが18件)、ベッドで一緒に寝るよう求めるなどの「性的な言葉がけ」が149件（同、7件)、自慰行為を見せるなどの「視覚的な性的強要」が30件（同、2件）などとなっています。

訪問介護等の訪問系サービスの場合、女性の介護職等が男性利用者と密室で二人きりになるケースも多く、セクハラ行為に遭いやすい状況にあります。利用者だけでなく、利用者の夫や息子からセクハラ行為を受けたという記述もあり、安心してケアを提供できる環境の整備が求められています。

今回、具体的なハラスメントの内容が記述されたこのフリーアンサーによって、介護現場でどのようなことが起きているか、その実態の一部を把握することができました。しかし中にはまだ、自分が利用者等から受けている行為が、ハラスメントに当たる行為だと、認識していない介護職等もいます。何が容認すべきではないハラスメントに当たるかについて正しく認識し、迅速に報告、改善できる環境の整備が必要だと言えるでしょう。

■ 1-5　セクシュアルハラスメントについてのフリーアンサーの記述

行　為	具体的内容	利用者から	家族等から
体に触れる（未遂含む）	抱きつく、胸・尻・股間を触る、キスする、ベッドに押し倒す、なめる、服の中に手を入れる、握手した手を離さない・引っ張る、匂いを嗅ぐ、体をぴったりくっつける　等	174 件	18 件
性的な言葉がけ	ベッドで一緒に横になれ、おまんこやりたい、ペロペロするぞ、チンチン見せてやろうか、一発やらせて、愛人にならないか、ムラムラする、一緒に風呂に入ろう、デートしたい、陰部をなめろ、胸が大きい、性器を見せろ、いくら払えばできる？、抱かせてくれ、子どもを作ろう、なめさせてくれ、添い寝してほしい、股間を洗ってほしい、ちんちんを触って　等	142 件	7 件
視覚的な性的強要	自慰行為をしてみせる、アダルトビデオを流す、わいせつな本を見えるように置く、陰部を見せる、全裸で出迎える　等	28 件	2 件
行動を伴った性的強要	陰部を触るように求める、陰部清拭中にこすってくれと言う、おっぱいを触らせてと手を伸ばしてくる、腕をつかまれベッドに行こうという　等	27 件	1 件
視覚的セクハラ	体を観察するように見る、調理中に後ろから見ている、お尻を眺めて隠し撮りする　等	11 件	―
その他	他の入居者を触る、ストーカー行為等	3 件	1 件
セクシュアルハラスメントについての記述の合計数 414 件		**385 件**	**29 件**

Ⅱ．相談しても解決しないと考える理由

こうしたハラスメント行為を受けた介護職等は、73.4％（本節Ⅱ～Ⅳにある数値については、NCCU 提供のデータをもとに筆者が算出）が上司や職場の同僚などに相談しています。しかし残念なことに、相談した人のうち 43.3％が相談しても「変わらなかった」と答えています。これも、2019 年２月に国が実施した調査の結果と重なります。国の調査ではハラスメントを受けて相談した回答者のうち、サービス種別により４～６割が「変わらなかった」と回答しています。

相談しても変わらないという経験を繰り返すと、次第に相談しても無駄だと考えるようになる人もいます。そうして介護職等が、ハラスメント行為を受けても相談しないことが常態化すると、管理者は実態を把握できず、「当事業所では利用者等からハラスメント行為を受けている職員はいない」と考えるようになりかねません。

筆者は、利用者等からのハラスメント行為の有無について問われたとき、「当事業所では発生していない」と答える事業所の中には、実はこうしたケースが少なくないのではないかと考えています。

■ 1-6　ハラスメント行為を受けて誰かに相談したか

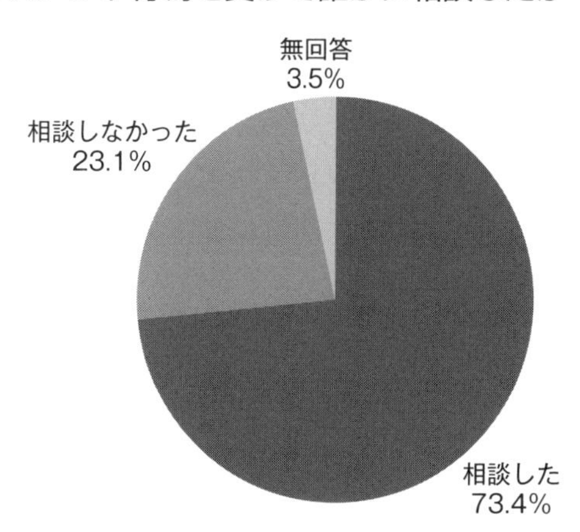

※　日本介護クラフトユニオンの調査データをもとに筆者が作成

■ 1-7　ハラスメントについての相談後の変化（複数回答）

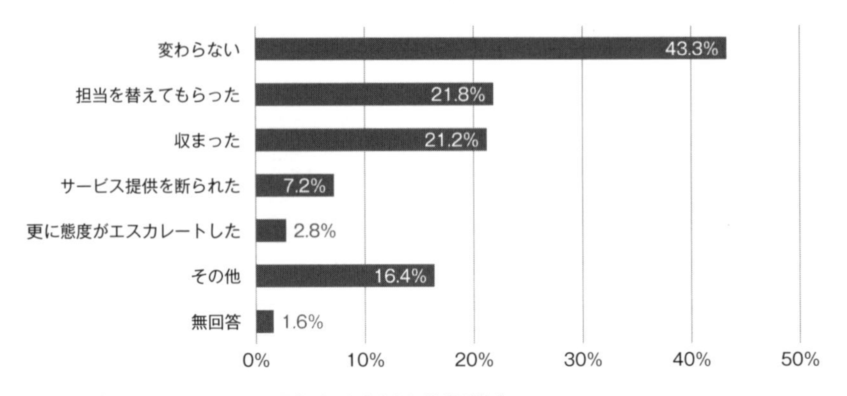

※　日本介護クラフトユニオンの調査データをもとに筆者が作成

一方、ハラスメント行為を受けていながら、誰にも相談しなかった人も23.1%います。この調査のあと、様々な機関がハラスメント調査を実施していますが、どの調査でも「相談しなかった」という人が２～３割います。ハラスメント行為は、すでに述べたように受けた介護職等が報告・相談しないと問題として認識されず、「利用者等からのハラスメントの問題はない」と見過ごされてしまう可能性があります。これは非常に問題です。

なぜ相談しなかったのか、その理由を見てみましょう。

最も多かったのは、「相談しても解決しないと思ったから」(40.3%) という回答です。「ハラスメント調査」では、「なぜ解決しないと思ったか」についてのフリーアンサーも求めています。

フリーアンサーの内容から、筆者は介護職等が相談しても解決しないと考えた理由は、大きく分けて５つあると考えました。それは、「変えられない生活歴や疾患」「介護職の『あるべき』論」「上司・管理者への不信感」「相談しても無駄という諦め」「自分自身が受ける不利益」の５つです。

■ 1-8　相談しなかった理由
（複数回答。%は相談しなかった回答者に占める割合）

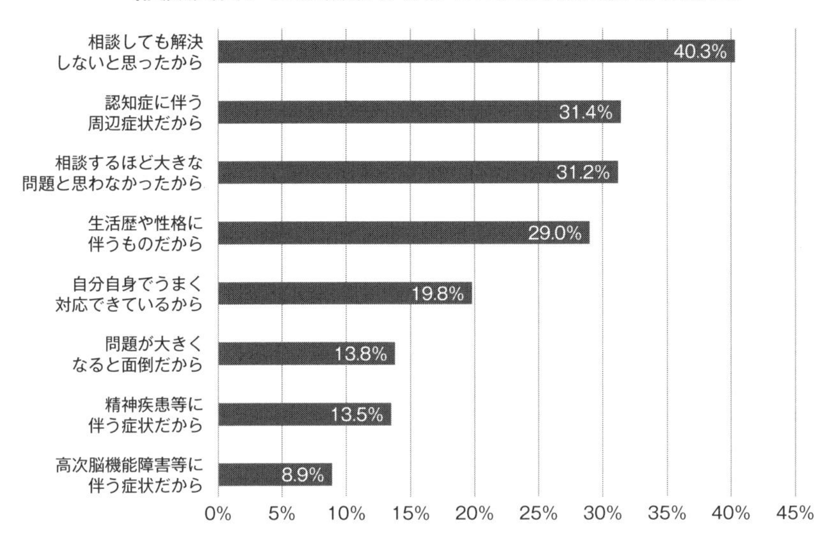

※　日本介護クラフトユニオンの調査データをもとに筆者が作成

①変えられない生活歴や疾患

＜フリーアンサーの例＞

- 認知症による周辺症状の為、根本的な解決は難しいと思った
- 怒らせると興奮状態になる姿を何度も見てきている
- その人が病気だから我慢した
- いつも自分の意見が通らないと大声を出す人だから
- 利用者の性格は変わらないから

フリーアンサーでは、怒りっぽい、すぐに怒鳴るなど、もともとの性格傾向や、認知症等の疾患によって起きている暴言や暴力であるため、相談しても解決しないと思ったという回答が多数見られました。調査では、「相談しなかった理由」の選択肢でも、「認知症に伴う周辺症状だから」（31.4%）、「生活歴や性格に伴うものだから」（29.0%）等の回答の多さが目につきます。

たしかに、高齢の利用者が長い生活歴の中で培ってきた反応パターン、行動パターンを修正するのはなかなか困難です。利用者の反応や行動を修正すること＝解決、と考えると、「解決しない」という結論に落ち着いてしまうことでしょう。

また、認知症等の疾患、症状による暴力等は、前述の通り、医療的ケアでの対応も必要です。病気自体が治るわけではないので、「解決しない」「どうせ変わらない」と諦めてしまうのかもしれません。しかし、「解決する」「なくす」ことはできなくても、「働きかけても全く変わらない」わけではないはずです。

生活歴などからの暴言や暴力も、疾患や障がいによる暴力等も、「なくす」という発想にとらわれすぎないことが必要です。

②介護職の「あるべき」論

＜フリーアンサーの例＞

- プロの介護者はその程度のことを受け流すべきと言われる
- 介護職は我慢するのが当然という風潮
- その程度のことは自分でうまく対応すべきと考えていた
- ハラスメントを受けるのも業務のうちと思っていた
- みんな受けていたから当たり前。日常茶飯事

介護職等には、「対人援助職とはこうあるべき」というイメージを持っている人が少なくありません。それは例えば、「利用者のために自分を犠牲にしても要求に応えるべき」「理不尽な扱いを受けることがあっても、対人援助のプロとして、それを含めて適切に対応すべき」といった考え方です。こうした考え方を持っていると、ハラスメントを受けたとしても、「相談して解決する」という発想が生まれにくくなることがあります。

調査の「相談しなかった理由」には、「相談するほど大きな問題と思わなかったから」という選択肢があり、回答者の31.2％がこれ

を選んでいます。この選択肢を選んだ人の中には、こうした「あるべき」論によって、そもそもハラスメントを「問題」として捉えていない人がいることも考えられます。

回答者自身がそうした「あるべき論」を身につけている場合もあるでしょうし、同僚や上司がそうした考え方であるために、ハラスメント行為を受けたとは言い出せないケースもあると思います。しかし、言い出さなくては、ハラスメント問題の解決は望めません。

たしかに、介護職をはじめとした対人援助職は、利用者・その家族に対し、忍耐を持って対応しなくてはならない場面が多々あります。しかし、心身を傷つけられても、それを受け入れて、なお対応を続けるのは適切ではありません。対人援助職だから我慢するのが当然、と考える必要はないのです。

もちろん、利用者等に対して、「そうした行為は不適切だ」と伝えることができるケースばかりではないでしょう。しかし、少なくとも同僚や上司は、職員が利用者等からハラスメント行為を受けていたら、それを見過ごしてはいけません。そして何よりまず介護職自身が、「私は今、利用者等から不適切な行為を受けた」「これを我慢してはいけない」と認識する必要があります。完全に解決することはできなくても、何らかの対処をすることが介護現場でのハラスメントを減らしていくことにつながります。介護現場に関わるすべての方に、そうした意識を持っていただきたいと思います。

③上司・管理者への不信感

＜フリーアンサーの例＞

- 上司が対応してくれないと思う
- どうせ話を（聞き）流される
- 利用者が暴れているとき管理者が知らん顔をして逃げた
- 上司が頼りない
- 言ってもわかってくれる上司ではない

上司等との信頼関係が十分築けていないと、ハラスメント行為を受けたことを相談し、対処を求めるのはなかなかハードルが高いものです。フリーアンサーでは、過去、相談したことがあるが、十分な対応をしてもらえなかった、という回答も目につきました。前述の通り、相談しても適切な対応を受けられないと、「どうせ相談しても解決しないから無駄だ」と考えるようになりがちです。実際、フリーアンサーでもそうした回答が多数ありました（次項参照）。

ハラスメント行為を受けても、相談できない。解決されない。我慢するしかない――そうして、心ならずもハラスメント行為を受け続けている介護職等もいることでしょう。その状況に耐えられる間は、勤務を続けられるかもしれません。しかし、我慢の限界を超えたら、抑うつ気分にとらわれたり、激しい怒りを感じたりといった、精神的な不調を起こす恐れもあります。あるいはそうならないよう、離職を選択する人がいても不思議はありません。

フリーアンサーの中には、上司が忙しそうで負担をかけたくなかった、という回答もありました。実際、上司、管理者は様々な業務を抱え、日々忙しく過ごしていることと思います。しかし、ハラスメントなどの問題が起きても気づけない、対処できないのでは、管理者としての職務を十分に果たしているとは言えません。職員が安心・安全に働ける環境を整えることは、管理者の責務だと認識する必要があります（→50ページ「安全配慮義務」）。

④相談しても無駄という諦め

＜フリーアンサーの例＞

- ５～６年介護現場にいて解決話は聞いたことがない
- そういう人（利用者）だから、こちらが対応を変えるしかない
- 「私なんかもっとヒドイことを言われた」と言われるだけで解決策について話が発展しない
- 以前、相談したが、より不快な思いをすることになった

- 会社が御入居者様第一主義をとっていて、社長が「全てはご入居者様の為にある」と言っていた
- 男性はセクハラを受けないというイメージがありそう（相談の結果、無意味だったときのショックがつらい）

過去の相談ケースが解決されていないのを見ていた。相談してかえって嫌な思いをした。そうしたネガティブな経験の積み重ねで、「相談しても解決できない」と考えるようになった人がいます。

事業所の方針として、職員より利用者を大事にしていることがわかっているので相談しても無駄、という回答も複数ありました。利用者を大切にすることは、サービス提供者として当然のことです。しかし、過剰に大切にし、職員に過大な負担をかけ続けては離職が増える可能性があります。そうなれば、結果として利用者第一を実践することが難しくなるかもしれません。人はまず自分自身が「大事にされている」と感じることで、他者のことも大事にできるものです。どうすれば、本当に利用者を大切にすることにつながるのか、職員保護とのバランスを十分に考える必要があります。

また、男性はセクハラを受けないというイメージがありそう（だから解決を望めない）という回答には、男性の介護職等ならではの葛藤を感じました。男性だからセクハラ行為を受けないだろう。男性だからセクハラ行為を受けても平気だろう。そんなふうに男性職員を扱ったり、発言したりすることは、職場でのセクハラ行為に当たります。利用者からのハラスメント同様、あってはなりません。

⑤自分自身が受ける不利益

＜フリーアンサーの例＞

- 訪問先を変えられてしまう
- 過去、訴えたスタッフが仕事をはずされた
- 介護職側の力量不足だと見られる

- 自分に悪い点があるのではないかと言われることがわかりきっている
- お客様との関係が保持できなくなると思う。信頼関係が損なわれるのが嫌

相談しても解決できない理由として、相談することによって自分自身が受ける不利益を挙げている回答もありました。担当している仕事をはずされることを懸念する回答が複数あり、ハラスメント対応としてとられることが多い「担当替え」が、一部の介護職等にとっては「解決」にならないことが示されました。

また、フリーアンサーでは、相談すると自分自身の介護職としての力量不足だと思われる、という回答もありました。これはよく耳にする声です。たしかに、同じ利用者を複数の介護職等が担当し、対応がうまくできる人とそうでない人がいた場合、うまく対応できないことで、自分を責めてしまう人もいることでしょう。しかし、うまくいかない対人関係の背景には、様々な要因があります。本人も周囲も、利用者からのハラスメント発生の要因が、対応する介護職等の力量の問題と、短絡的に考えないことです。

またフリーアンサーには、利用者との関係が損なわれることを懸念して相談しない、という記述もありました。そうした思いは大切にされるべきですが、一方で、ハラスメント行為があるという事実は明らかにする必要があります。組織としてハラスメントの事実を把握した上で、どのように対処することが利用者、職員双方にとって望ましいかを考えていく仕組みが必要です。

Ⅲ．ハラスメント発生の原因

ところで、介護職等はこれらのハラスメントが起こる原因をどのように考えているのでしょうか。

最も多い回答は、「生活歴や性格に伴うもの」（51.1％）でした。これは前項の通り、ハラスメントを受けても誰にも相談しなかった人が、相談しても解決しないと考えた理由として、最も多く挙げていた回答と同じです。介護職等には、「ハラスメントは、相談しても解決しない原因によって起きている」と受け止めている人が多い

■ 1-9　回答者が考える、ハラスメント発生の原因
（複数回答。％は回答者全体に占める割合）

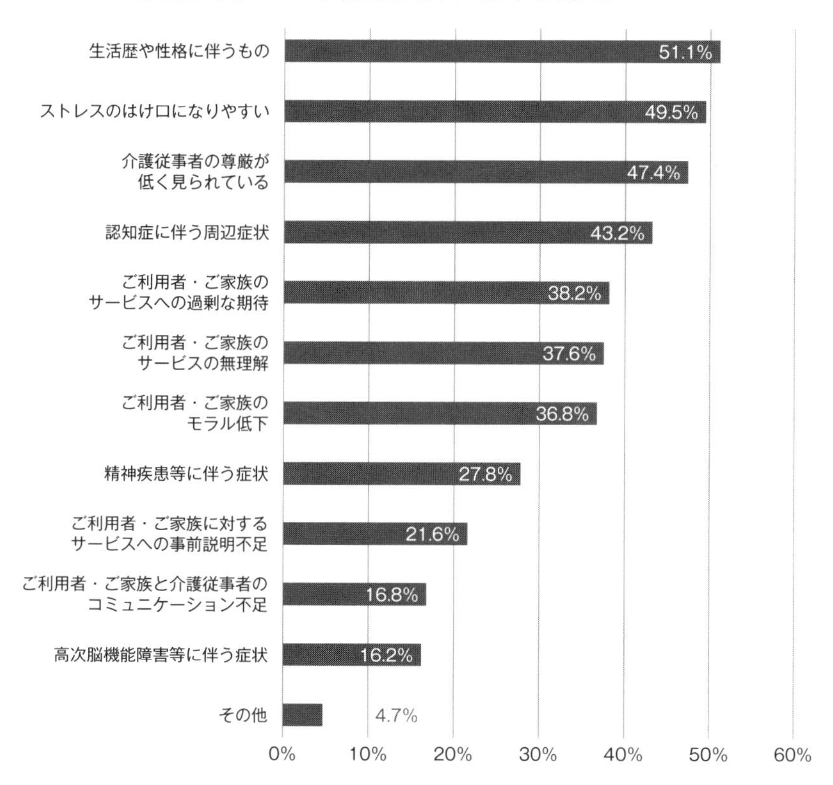

※　日本介護クラフトユニオンの調査データをもとに筆者が作成

のかもしれません。

介護現場ではハラスメントは避けられないこと、という介護職等の思い込み、諦め。そして、ハラスメントに耐えてケアに当たる介護職等に甘え、組織として職員を守る対策を講じてこなかった事業所の不作為。その両方が、回答者の７割超がハラスメントを受けているという、今日の介護現場の状況を作り出したとも言えます。

ハラスメント発生の原因としては、「ストレスのはけ口になりやすい」（49.5％）、「介護従事者の尊厳が低く見られている」（47.4％）、「認知症に伴う周辺症状」（43.2％）という回答が続きます。

ハラスメント発生の原因が、「ストレスのはけ口になりやすい」「介護従事者の尊厳が低く見られている」からだという回答が多いのは気になります。誇りを持って働いているのに、ケアしている相手からストレスをぶつけられ、尊厳を傷つけられる――。介護職等が受けているそんな不当な扱いについては、もっと広く社会に認知されるべきですし、改善に向けた対策が必要です。

一方、この調査の時点では、「認知症に伴う周辺症状」を４割強の回答者がハラスメントの原因に挙げていました。この調査のあと、認知症等の病気や障がいの症状として現れた言動については、「ハラスメント」と捉えないという見解が国から示されています。しかし、ハラスメントか否かにかかわらず、疾患や障がいの症状による言動への対応に悩む介護職等が多いのは事実です。見過ごしたり、あきらめたりせず、医療職の力も借りながら対応策を検討していくことが求められます。

もう１点、気になったのは、利用者・その家族について、「サービスへの過剰な期待」（38.2％）、「サービスの無理解」（37.6％）、「モラル低下」（36.8％）という回答が比較的多く、「サービスへの事前説明不足」（21.6％）、「介護従事者とのコミュニケーション不足」（16.8％）の回答が比較的少なかったことです。

利用者等がサービスについて無理解であったり、サービスに過剰に期待していたりするのは、介護職等の契約時の説明が不十分だったことが原因になっている場合もあるかもしれません。また、介護職等が利用者・家族と十分なコミュニケーションを図れていないことが原因で、利用者・その家族との信頼関係を築けていない、利用者についての理解が深まっていないケースもあり得ます。

コミュニケーション不足→信頼関係が築けていない・利用者をよく理解できていない→ハラスメント発生、という可能性もあります。利用者・家族の側にハラスメントの原因を転嫁していないか、改めて振り返ることも必要です。

近年、利用者や家族のモラルの低下をよく耳にします。実際、そうしたケースは増えているようにも感じます。しかし一方で、利用者等のモラルを守らない行動が、介護職等と関係性を十分に築けていないために起こる可能性にも目を向けなくてはなりません。

事業所は、こうした調査データや自事業所内での調査、聞き取りをもとに、利用者や家族との関係性など、起こっている問題の背後にある実態について、しっかりと把握、検証することが大切です。

■1-10　回答者が考える、介護職等をハラスメントから守るための対応（複数回答。％は回答者全体に占める割合）

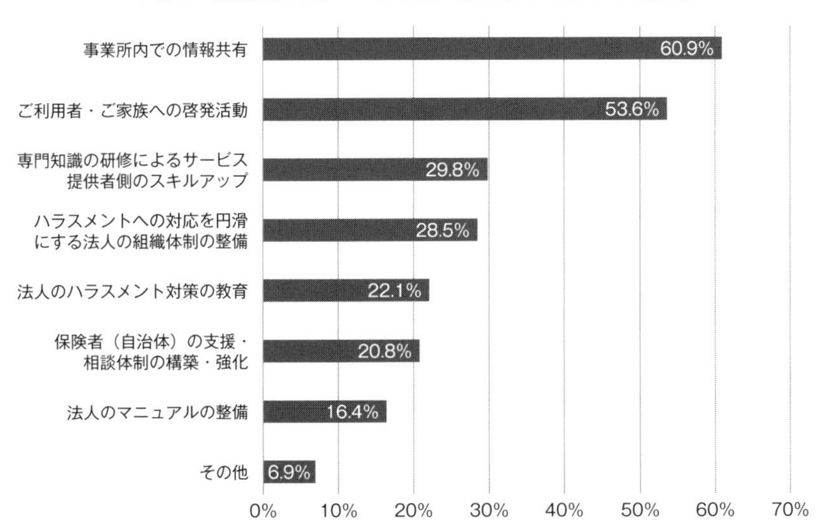

※　日本介護クラフトユニオンの調査データをもとに筆者が作成

Ⅳ．介護職等を守るために必要な対応は何か

介護職等をハラスメントから守るためには、どのような対応が必要か。この問いへの回答で抜きん出て多かったのは、「事業所内での情報共有」(60.9％)、次いで「ご利用者・ご家族への啓発活動」(53.6％) でした。

この２つの回答が選択されているのは、現状、事業所内での情報共有や利用者等への啓発活動が十分に行われていないと、回答者が感じているからとも考えられます。それが事実だとすると残念な状態ですが、一方で、改善の余地が非常に大きいとも言えます。

職場での情報共有、利用者等への啓発活動については、ハラスメントの事前対策として第５章で扱います。

また、この問いでは、「その他」の回答に、フリーアンサーの欄を設けています。その中で多かったのは、「法人上層部の意識改革」「ハラスメントを受けたらサービスを中止してよいという規定」「辞めるしかない」という趣旨の記述でした。

ハラスメントを受けても相談しなかった、相談しても解決しないと思った理由としても多数の回答者が挙げているのが、「事業所上層部の意識改革」と通じる、管理職等、組織の姿勢、考え方の問題です。ハラスメントの問題は、現場の介護職がどれだけ認識を改め、対応を工夫しようと、それだけで解決するのは困難です。この問題解決には、必ず、事業所全体としての対応姿勢が問われることを認識しておく必要があります。

ハラスメントを受けた際のサービス中止規定をどうするかについては、事業所としての方針に関わることだと思います。事業所の中には、事業者からの契約解除条項に契約解除の条件を詳細に記した契約書を作成し、契約に臨んでいるところもあります。契約書については、第９章で扱います。

「辞めるしかない」。この回答をいかにしてなくすかを、事業所は

真剣に考える必要があります。ハラスメント対策は、離職防止において非常に重要です。介護職が大幅に不足するこれからの時代、ハラスメント対策を含め、職員を守る体制整備に関心のないままでは、職員の確保が難しくなっていくことでしょう。

第２節　厚生労働省、自治体の対応

(1)　厚生労働省による介護現場のハラスメント対策の施策

2018年8月、NCCUは「ハラスメント調査」結果の深刻さを重視し、厚生労働大臣宛に「ご利用者・ご家族からのハラスメント防止に関する要請書」を提出しました。

これを受けて、厚生労働省では、同年12月に2018年度厚生労働省老人保健健康増進等事業「介護現場におけるハラスメントに関する調査研究」に着手します。これを皮切りに、次ページの表のように次々とハラスメント対策の施策を打ち出しました[2)]。

まず、調査結果をもとに「介護現場におけるハラスメント対策マニュアル（以下、「対策マニュアル」）」が作成されました（2022年3月に改訂）。NCCUの陳情を受けて同年度内に、調査実施、「対策マニュアル」の作成まで行うという、迅速な対応です。

2019年度には、事業所内での研修にそのまま使える資料として、「管理者向け研修のための手引き」、「職員向け研修のための手引き」を作成。職員向けには動画も作られました。調査研究、マニュアルの作成、研修の手引きの作成などの対応は、表にある通り、介護分野の後を追って障がい福祉分野でも進められています[58)]。

2020年度には、ハラスメントの事例集を作成。14の事例の経緯と具体的な対応を紹介し、参考になるポイントを示しました。また、「地域医療介護総合確保基金（介護人材確保分）（以下、確保基金）」に、自治体が介護事業所のハラスメント対策を支援するためのメニューが加えられています（26ページの表1-12参照）。

■ 1-11　国による介護福祉現場のハラスメント対策の施策[2) 58)]

年度	施策
2018 年度	・「介護現場におけるハラスメントに関する調査研究」を実施し、報告書を作成 ・「介護現場におけるハラスメント対策マニュアル」作成
2019 年度	・「管理者向け研修のための手引き」「職員向け研修のための手引き」研修動画の作成 ・地域医療介護総合確保基金の対象事業に、自治体等による介護現場のハラスメント対策のための調査費用や研修費用等を追加 ・「労働施策総合推進法」[※1] 改正を踏まえ、カスタマーハラスメントに関しても、被害者への配慮や被害防止の取り組みが望ましいという指針を策定
2020 年度	・「介護現場におけるハラスメント事例集」の作成 ・「労働施策総合推進法」改正により、事業主は顧客等からの著しい迷惑行為を防止する取り組みを行うことが明記された ・「男女雇用機会均等法」[※2] 改正により、事業主は、顧客、患者、その家族からのセクシュアルハラスメントへの対応が義務化された ・「介護現場におけるハラスメントへの対応に関する調査研究」を実施し、報告書を発表 ・地域医療介護総合確保基金（介護人材確保分）に「介護事業所におけるハラスメント対策推進事業」のメニューを追加（表 1-12 参照）
2021 年度	・介護報酬改定において、全介護サービス事業者に介護現場でのセクシュアルハラスメント対策を義務化するとともに、カスタマーハラスメントについても対策を推奨 ・「介護現場におけるハラスメント対策マニュアル・研修の手引き等の普及啓発に関する調査研究」を実施し、報告書を作成 ・「介護現場におけるハラスメント対策マニュアル」の改訂 ・「管理者向け研修のための手引き」「職員向け研修のための手引き」の改訂 ・関係省庁と連携し、「カスタマーハラスメント対策企業マニュアル」を作成 ・「障害総合福祉推進事業　障害福祉の現場におけるハラスメントに関する調査研究」を実施し、報告書を作成 ・障害福祉サービス等事業者向け「職員を利用者・家族等によるハラスメントから守るために」（ハラスメント対策マニュアル）を作成
2022 年度	・障害福祉サービス「管理者向け研修のための手引き」「職員向け研修のための手引き」研修動画の作成

※1　正式名称は「労働施策の総合的な推進並びに労働者の雇用の安定及び職業生活の充実等に関する法律」
※2　正式名称は「雇用の分野における男女の均等な機会及び待遇の確保等に関する法律」

■ 1-12　介護事業所におけるハラスメント対策推進事業[59)]

ハラスメント 実態調査	対策の実施を検討するために都道府県等が行う管内の実態調査
各種研修	・都道府県等、又は事業者が行うハラスメント研修 ・都道府県等が行うヘルパー補助者（後述）のための研修
リーフレットの作成	利用者に配布するハラスメント防止のためのリーフレット作成費
弁護士相談費用	ハラスメント防止条項を重要事項説明書へ入れるなど法律の専門家に相談する費用
ヘルパー補助者 同行事業	ヘルパー補助者として同行する者（有償ボランティア等を想定）への謝金 ＊　補助者については、ハラスメント対策を含む最低限の介護知識を得る必要があるため、研修受講（県その他の団体による実施）を要件とするとともに、事業所等への登録制とする
その他	ハラスメント対策の為に行う事業で都道府県が認めるもの　等

しかし残念ながら、作成した「対策マニュアル」や「研修の手引き」は事業所や自治体であまり活用されていませんでした。2021年度に実施された「介護現場におけるハラスメント対策マニュアル・研修手引き等の普及啓発に関する調査研究（以下、「普及啓発調査」)」では、「対策マニュアル」を「知っており、活用している」との回答は14.4％。「知らない」との回答が25.8％もありました。「研修の手引き」は「知っており、活用している」が9.3％、「知らない」が35％とさらに認知度が低いことがわかりました。「確保基金」に至っては、「知らない」が68％という状況です。こうした調査結果を踏まえて、「対策マニュアル」「研修の手引き」は、現場でより使い勝手がよくなるよう改訂されました。2022年3月改訂の「対策マニュアル」[1)]は、初版に比べると、かなり具体的で参考になる内容になっています。「確保基金」も、もっと市町村に活用して

もらえるよう働きかけてほしいものです。

また2019年、社会問題化した職場でのハラスメントやカスタマーハラスメント（→45、56ページ）への対応として、「労働施策総合推進法」「男女雇用機会均等法」が改正されました。これを受けて2021年度介護報酬改定では、介護現場でのセクハラ対応を義務化。カスタマーハラスメントへの対応も推奨されています。

矢継ぎ早に打ち出されたこれらの施策からは、何としてもハラスメント対策を事業所に浸透させ、しっかりと機能させたいという国の強い意志を感じます。

(2)　自治体の認識と対応

「普及啓発調査」では、市町村での介護現場のハラスメント対応についての実態調査も併せて行っています。その調査の結果によれば、「介護現場におけるハラスメントの予防や対策は必要である」との回答は94％。市町村もハラスメント対策の必要性は十分認識していました。そして、自治体がその対策にどう関わるかについては、「介護事業者が中心であるが、自治体も多少の役割を負う必要があると思う」との回答が54.2％。「介護事業者と自治体が連携して対応する必要がある」が38.8％。合わせて９割超の自治体が、「共に取り組まなくては」という意識を持っていたのです。

にもかかわらず、それは実践されていません。

「支援の必要性は感じているが、実施していない」との回答が65.8％に上りました。支援を実施していない理由は、「介護施設・事業所におけるハラスメントの状況を把握していないため」との回答が最多で、46.3％。「どのような支援が必要か分からないため」との回答が22.6％。しかし、「介護現場のハラスメントについて積極的な情報収集を行っているか」という問いには、94.2％の自治体が「行っていない」と回答しています。

ハラスメントの問題は承知し、対策が必要だと感じているが、状況の把握ができていないから何をしていいかわからず、しかし、詳しく知る努力はしていない――。残念ですが、これが2021年時点での市町村の状況です。

介護現場でよく聞くのは、「利用者等からハラスメントを受けても相談先がない」という訴えです。利用者等には全国どこにでも介護サービスについての苦情の申し立て先があります。しかし、介護職員等が利用者等からハラスメントを受けても、相談先がある自治体は多くありません。「普及啓発調査」でも、相談窓口を設置している、あるいは設置予定という自治体は19.9％。ハラスメントを担当する部署すらない自治体が72.6％に上りました。

「普及啓発調査」では、事業者や介護職員から自治体や地域包括支援センターに介護現場でのハラスメントについての相談があったかどうかも尋ねています。この問いへの回答は、「相談等は全くない」が52.2％でした。担当部署も相談窓口もない自治体に相談をするのは難しい、と考えても不思議はありません。

相談が少ない理由としてもう一つ考えられるのは、「公僕」である自治体職員に相談しても、住民である利用者サイドに立った対応をされるのでは、という危惧があることです。そうした危惧から、「事業者側の対応力不足と思われるのではないか」「マイナス評価がついてしまうのではないか」と考える事業者もいます。それで訴え出るのをためらってしまうのです。

利用者等から事業者に対する苦情の訴えがあったとき、事業者サイドの言い分を十分聞こうとしない、自治体や第三者機関に対する不満の声も聞きます。筆者は以前、第三者機関で介護サービスの苦情相談員をしていたことがあります。当時、利用者からの苦情申し立てを受けて、ある事業者に調査に入ったときのこと。詳細に書かれた記録を見ながら、事業者に話を聞いたところ、明らかに利用者側の事業者に対する精神的暴力だと感じたケースがありました。

このとき筆者が所属していた機関は、利用者からの苦情に対応する窓口でした。そのため、難しい対応を迫られていた事業者に理解を示すことはできましたが、利用者に対してハラスメントを改めるよう指導することはできませんでした。その窓口には、時折、事業者から利用者等のハラスメントを訴える電話が入ることもありました。しかし、前述の通り、利用者からの苦情相談の窓口であるため、事業者からの訴えには対応できません。そう伝え、事業者から「では、私たちはどこに訴えたらいいのですか」と言われたときのやるせない思いは今も忘れられません。

「普及啓発調査」の報告書には、「地域ケア会議等を活用して、市町村が地域関係者と連携体制を構築し、具体的な取組を行うことが求められる」と書かれています。事業者側からのハラスメント相談を受け付けることはもちろん、利用者からの苦情であっても、真に「公正中立」に対応していくことが、これからの自治体には求められます。そして、事業者もどうか自治体に対して、公正中立なハラスメント相談体制の整備を求め続けていただきたいと思います。

自治体によるハラスメント対策は、第８章第６節で兵庫県と埼玉県の取り組みを紹介します。

第２章

なぜハラスメント対策が必要か

介護の現場でのハラスメントの実態が広く知られるようになり、今、その対策が求められています。これまでの介護をはじめとした対人援助の現場では、容認すべきではない要援護者・その家族からの不適切な行為をハラスメントとして捉えず、見過ごすことが少なくありませんでした。では、どのように捉えることが多かったのでしょうか。そしてなぜ今、ハラスメント対策が求められているのでしょうか。この章ではその点について説明します。

第１節　これまでの介護現場でのハラスメントの捉え方

(1)　対処できない自分が悪い

これまで、要援護者・その家族から容認すべきではないハラスメントを受けても、その行為を問題視するより、「うまくかわせてこそプロ」「対処できない自分が悪い」と考える介護職等が多数いました。いえ、今もこの考え方にとらわれている介護職等は少なくないのかもしれません。容認すべきではない行為を受けても相談しない介護職等が一定数いる、と考えられるからです。

「対処できない自分が悪い」と考える背景にあると考えられるのは、まず、Ⅰ.「援助職としてのスキルへの不安」です。さらには、Ⅱ.「パターナリスティック※な思い込み」と、Ⅲ.「感情労働を背景とした思い込み」という、２つの思い込みがあると考えられます。

Ⅱ、Ⅲは、第１章でハラスメント行為を受けた介護職等が、相談しても解決できないと考えた理由の一つとして挙げた、「介護職『あるべき』論」に通底する思い込みだと言えます。

現場の介護職ではなく、管理者がこうした考え方をしていると、「対処できない職員が悪い」と、責任を職員個人に背負わせることになってしまいます。それは絶対にあってはなりません。

それぞれについて説明します。

※　パターナリスティック……父親が子どものためによかれと考え、子どもの意思確認をせずに物事を選択、決定するように、情報や知識を多く持つ専門職が、要援護者等を過剰に庇護的に扱い、本人の意思を確認しないまま介入し、支援する様子。父権主義（パターナリズム）的であること。

Ⅰ．援助職としてのスキルへの不安

経験が浅く、失敗などの責任をまず自分自身に求める自責的なタイプの介護職等が抱えがちな心理です。同僚たちは、ハラスメントのある要援護者にうまく対処しているのに、自分だけがハラスメントを受けているとき。「なぜ自分だけが？」と自問し、自分の中で、「自分の対応がよくないからだ」「援助職として未熟だからだ」と考えてしまうのかもしれません。

中には、ハラスメントを受けても、「スキルが未熟だからハラスメント行為を受けるのだ」と周囲から指摘されることを恐れ、報告しないという介護職等もいます。それでは困ります。

第４章で詳しく述べますが、ハラスメントが起きる背景には、事業所の組織運営の問題、管理職のマネジメントの問題、要援護者への説明の問題、要援護者自身の問題など、様々な要因があります。

中には職員のスキル不足がきっかけとなって、ハラスメントが起きる場合もあるでしょう。しかし事業所には、適切にサービス提供できるスキルが身につくよう、職員を指導育成する責任があります。職員のスキル不足を職員個人の問題とし、一方的にハラスメント発生の責任を問うようなことがあってはなりません。

介護等の対人援助の職場では、ハラスメントに限らず、事故、クレームなど、要援護者等とのトラブルが起きると、職員個人の責任に帰すケースがしばしば見られます。しかし、犯罪行為やプライベートな問題でのトラブルでない限り、職務遂行中に起きたことを、職員個人の責任のみに帰すべきではありません。要援護者への支援は、事業所として要援護者等と契約を結んで行っているものです。であれば、支援内容についての責任は職員個人ではなく、事業所が負うべきものだからです。

この点を、管理者は十分承知しておく必要があります。

Ⅱ．パターナリスティックな思い込み

要援護者は自分より弱い、守るべき存在だ――。心のどこかに、そんな思い込みはないでしょうか。そうした思い込みがあると、要援護者に対する支援姿勢はパターナリスティックになりがちです。

この支援姿勢は、行政が介護福祉のサービスを行政処分として執行していた「措置」時代の名残だと考えられます。措置時代、要援護者に必要な支援、サービスは、行政が査定して決定（行政処分）し、その決定に基づいて提供されていました。要援護者は行政の庇護のもとにあり、支援に当たる介護職等から見た要援護者は、弱者であり、守るべき存在でした。

その弱者が、理不尽な振る舞いをしたとしても、それを受け止め、支援する。それが、弱者を守り、支える立場にある援助職として当然の役割だ――当時、介護職等がそう考えても、不思議はなかったと思います。

しかし、1998年から社会福祉の枠組みは大きく変わり始めました。社会福祉基礎構造改革が進められ、「サービスの利用者と提供者との間に対等な関係を確立する」等の理念のもと、社会福祉の構造改革が行われることになったからです[3)]。2000年の介護保険制度創設もその一環であり、介護サービスは「措置」から「契約」の時代に変わりました。サービス提供者と利用者は、契約で結ばれた対等な関係となったのです。

支援においては、パターナリスティックな姿勢が改められました。弱点に注目してそれを克服しようとする「病理／欠陥」視点が批判され、「ストレングス」視点が重視されるようになりました[4)]。ストレングスとは、人が本来持っている、様々な困難に打ち勝つ“強さ”を指しています。ストレングス視点からの支援は、要援護

者と支援者の対等な関係を前提とします。要援護者のストレングスに焦点をあてることで、要援護者自身がストレングスを活かして、自分自身の力で困難を解決できるよう支援していくのです。「ストレングス視点」が土台となった「エンパワメントアプローチ」の拡大により、支援の考え方は大きく変わりました。

変わったのは、介護分野だけではありません。障がい者、児童、生活困窮者など、様々な要援護者への支援の視点が変わったのです。対等な関係の中で要援護者の強みを引き出し、その人なりの“自立”を支援する。現在の社会福祉においては、要援護者を一方的にただ守られるだけの存在と捉えることは、要援護者の尊厳を傷つけることにもなるのです。

要援護者に不適切な態度、行為があっても、過剰な配慮のもと、何事もなかったかのように対応するのは、パターナリスティックな支援姿勢の裏返しとも言えます。要援護者の態度や行為に問題があれば冷静にそれを指摘し、正していく。要援護者との対等な関係の中で支援を提供する現在の介護職等には、そうした対応が求められているのです。

ただし、要援護者等に言動の修正を求める前に、認知症の捉え方や行為の背後にあるものなど、まず介護職等が振り返り、考えるべきことがあることは忘れてはなりません。

Ⅲ．「感情労働」を背景とした思い込み

「対処できない自分が悪い」と考える背景にあるもう一つの思い込みは、対人援助職は要援護者の要求を何でも受け止め、その場にふさわしい態度をとらなくてはならないという考えです。

介護職をはじめとした対人援助職は、「感情労働」だと言われています。感情労働とは、アメリカの社会学者Ａ・Ｒ・ホックシールドが定義した概念です。ホックシールドはこれを、「公的に観察可能な表情と身体表現をつくるために行う感情の管理」と定義しまし

た[5)]。これを、「職務として、表情や声や態度で適正な感情を演出することを求められる仕事」と表現した研究者もいます[6)]。

つまり、自分の感情をコントロールして、その場にふさわしい表情や態度で振る舞うことが求められる仕事が、「感情労働」だと考えればよいでしょう。

要援護者から理不尽なハラスメントを受けたとしても、相手が求めている言動、あるいはその場にふさわしい言動をすることが、援助職として求められている――「感情労働」を背景とした、そうした思い込みが、ハラスメントにうまく対処できない自分が悪い、という自責的な受け止め方につながっていくことが考えられます。

ここで、「感情労働」とハラスメントの関係について、もう少し述べておきます。「感情労働」の仕事では、必然的に相手に合わせた受け身の態度をとる場面が多くなります。この受け身の態度は、時として、相手のストレスの発散や自分勝手な言動など、ハラスメントに当たる行為を引き出してしまうことが考えられます。特に介護職等が支援する相手は、思い通りにならない体や気持ちを抱えていると考えられる要援護者です。ストレスを発散する機会や受け止めてもらえる相手が乏しい人も少なくありません。そのため、身近で接する機会の多い介護職等が、ストレス発散の対象になってしまうこともあり得ます。

支援の場面で、要援護者が発するネガティブな言動を受け止め続けることは、容易ではありません。そうでなくても、「感情労働」は、苦しむ要援護者を何とかしてあげたいという強い気持ちから来る「共感ストレス」や、そうした気持ちが強すぎて援助者としての無力感に傷つく「共感疲労」にさらされやすい仕事です[6)]。適切なセルフケアができなければ、心が疲弊し、バーンアウト（燃え尽き症候群）[※1]や抑うつ状態[※2]など、精神の不調を引き起こしてしまうリスクもあります。

介護職等はハラスメントを受けた際、「対処できない自分が悪い」と考えるのをもうやめるべきです。そして、ハラスメントなどのネガティブな言動に自分をさらし続けないこと、適切なセルフケアを行うことを意識する必要があります。自分自身が心身ともに健康でなければ、他者を支えることはできません。対人援助職はそのことを意識し、まず自分を大切にしていただきたいと思います。

もう一つ意識していただきたいのは、この「対処できない自分が悪い」という捉え方が他者に向かうと、「対処できない者が悪い」という捉え方になる場合があることです。これは、組織として適切にハラスメント対策を講じることなく、ハラスメントを受けた介護職等だけに責任を負わせることにつながる可能性があります。管理者は、この点を十分に意識することが必要です。

※１　バーンアウト……対人援助の仕事で、問題を抱えたクライエントと向き合って絶え間ないストレスにさらされたことで情緒的に消耗し、要援護者に対する消極的で皮肉な態度や、否定的な自己評価、仕事の達成感の低下が生じること。

※２　抑うつ状態……「ゆううつである」「気分が落ち込んでいる」などと表現される「抑うつ気分」の症状が強い状態のこと。

⑵　こちらにも落ち度がある

利用者等からのハラスメントに強く抗議できない。その理由として、「こちらにも落ち度があるから」「完璧な介護ができているとは言えないから」という声を聞きます。しかし、ここで改めて認識していただきたいのは、たとえ職員の落ち度がきっかけで要援護者等が暴力や暴言を行使することになったように見えたとしても、そこに因果関係があると考えるのは誤りだということです。

もちろん、事業者側に落ち度があるならその責任をとり、謝罪して改める必要があるでしょう。適切な支援ができるよう、職員を育成する必要もあります。しかし、職員に「落ち度がある」「不十分である」からと言って、要援護者等が殴ったり、暴言を吐いたりしていいわけではありません。落ち度に対する不満は、落ち着いて言葉で伝えればいいのです。介護に気に入らないことがあるなら、冷静に伝えて、改めてくれるよう求めればいいのです。

にもかかわらず、言葉で冷静に伝えるのではなく、「暴言」「暴力」を行使することを選んだのであれば、その「選択の責任」はハラスメント行為者にあります。落ち度や不十分についての責任と、ハラスメント行為を選択した責任は、切り離して考える必要があるのです。ですから、謝罪する場合は「不愉快な思いをさせて申し訳ありません」など、不手際についての「部分謝罪」にとどめます。落ち度があったからといって、相手がハラスメント行為を選択したことを容認し、「全面謝罪」をするべきではありません。ここをきちんと分けて考えることが、ハラスメント対応では重要です。

どんな理由があっても、ハラスメント行為は許されない。まず介護職自身がその認識を持つことが必要なのです。

(3)　病気だから我慢するしかない

認知症だから、精神疾患があるから、高次脳機能障がいだから、暴力や暴言があっても仕方がない――そんな声をよく聞きます。病気や障がいの症状による不適切な行為をハラスメントと呼ぶか否かを脇に置いたとしても、こうした疾患等を背景として、要援護者に「不適切な行為」が起こることはしばしばあると思います。

では、その捉え方、対処の仕方等について考えてみましょう。まず振り返っていただきたいのは、「その要援護者＝病気の人」という、一面的な捉え方をしていないかということです。要援護者に対して、「病気だから」「障がいがあるから」というレッテルを貼り、そこで思考停止していないでしょうか。

医療においては、「全人的医療」ということが言われるようになりました。これは、「患者の健康問題を biological（生物学的）、psychological（心理的）、social（社会的）、ethical（倫理的）な諸側面から多面的に検討して解決しようとするもの」です[7)]。医療も病気だけを診るのではなく、患者の全体像を把握し、そこからよりよい治療を考えていく時代に進んでいるのです。

介護をはじめとした、要援護者の生活を支える支援は、本来、その人の生活、その人自身の全体像を捉えるため、生活歴や家族歴、趣味、嗜好、考え方など、要援護者にまつわる様々な情報を聞き取り、丁寧にアセスメントすることが求められています。

十分なアセスメントを行い、要援護者の生活、全体像を把握し、支援してもなお、要援護者の「不適切な行為」があったとしたら、「我慢するしかない」と考えるのもやむを得ない場合もあるでしょう。その場合は、対症療法的に、「不適切な行為」が最も少なくなる対応方法を、組織全体で探っていくことが必要になります。

しかし実際には、「不適切な行為」を「病気だから」と捉えているのは、そうしたケースばかりではないはずです。

十分なアセスメントを行わず、疾患名にとらわれ、「病気だから」というレッテルを貼る。そして、「不適切な行為」を引き起こさないためのよりよい対応を、支援関係者で知恵を出し合い、検討する機会も設けない。残念ながら、そんなケースを耳にするのは、決して稀ではありません。

それでは、要援護者が「不適切な行為」をとらざるを得ない状況に追い込まれている可能性も考えられます。

要援護者のアセスメントと支援方法についての検討を、これ以上、何も絞り出すことができないほど十分に行ったかどうか。「病気だから」「障がいがあるから」と安易にレッテルを貼る前に、是非振り返っていただきたいと思います。

(4)　もともと怒りっぽい人だから仕方がない

もう一つ、これまでのハラスメントの捉え方として多いのが、要援護者のもともとの性格傾向、生活歴を理由に、「病気」と同様、仕方がないと受け止めることです。怒りっぽい。暴力的。すぐ怒鳴る。要求が細かい。女性を性的な対象として見る――長い年月の間に身につけてきた、こうした性格や生活歴に起因する言動は、高齢になるほど改めるのが難しくなります。

しかも、本人はそうした自分の言動の特徴を認識していない場合もあります。自分では気づいていない、否定的な評価を受けやすい特徴を、日頃、自分の「弱い部分」をさらし、支援を受けている介護職等から指摘されると、一層、態度を硬化させる人もいます。

なかなか対応が困難なことが多いかもしれません。

それでもまず、病気に起因する「不適切な行為」同様、丁寧なアセスメントが必要です。その上で、どのように対応しても難しい場合は、「病気」と同様に、対症療法的な対応が必要になるケースもあるでしょう。しかしあくまでも、それは最後の手段です。人は死ぬまで変化の可能性を持つ存在です。できる限り、対応の工夫によって「不適切な行為」を減らしていく努力は必要です。

その際、「努力する」のは、担当する職員一人ではありません。難しい要援護者への対応については、組織全体が一体となり、時には他機関にも協力を求め、対応方法を検討することが大切です。

こうした「できる限りの対応」は、「感情労働」を背景とした、相手が望む態度をとる、受け身の姿勢とは異なります。要援護者からのハラスメントを一方的に受け止めるのではなく、能動的にハラスメントを防御したり、かわしたりしていくのです。この違いはよく理解しておいていただきたいと思います。

以上、述べてきたようにこれまで支援の現場では、要援護者等によるハラスメントや不適切な行為を自責的に受け止めたり、解決できないもののように受け止めたりする傾向が強くありました。今もそうした思い込みにとらわれている介護職等は少なくないと思います。しかし、時代は変わったのです。

どう変わったのかを、改めて見てみましょう。

第2節　ハラスメントを取り巻く社会的状況の変化

(1) ハラスメント問題への社会的関心の高まり

厚生労働省がハラスメント対策に力を入れるようになった背景には、社会を騒がせるハラスメント問題が次々と明らかになり、社会的関心が高まったことがあります。

2018年から2019年にかけては、財務官僚による女性記者へのセクハラ疑惑、著名な男性ジャーナリストから性的暴行を受けたという女性ジャーナリストの実名による告発、世界的な# Me Too運動（私もセクハラ行為の被害者だと名乗り出る運動）など、多くの女性たちがセクハラ告発の声をあげるようになりました。

同時期、女子レスリング、女子体操、プロサッカー、大学アメリカンフットボール部など、スポーツ界でのパワーハラスメント（以下、パワハラ）の問題の告発も続きました。2023年には、プロ野球の一軍選手が後輩選手への暴力、暴言などにより、自由契約（契約解除）となっています。暴力や暴言に比較的甘い体質だと言われていたプロ野球界に、一石を投じた処分でした。スポーツの世界も変わりつつあるのです。

パワハラは、2019年の「労働施策総合推進法」の改正（全面施行は2022年4月）に伴い、うつ病などの精神障がいの労災認定基準に追加されています。セクハラについては、すでに2011年から認定基準に加えられており[8)]、職場等での「ハラスメント」全般に対して組織としての対応が求められるようになりました。

こうして、社会全体でハラスメントへの認識が高まり、「ハラスメントを許してはいけない」と、より多くの人が声をあげるようになっていったのです。

(2) ハラスメント対応を確立していくために

2022年には、自衛隊の元女性隊員が男性隊員からのセクハラを告発し、世間の注目を集めました。元女性隊員へのセクハラ行為に及んだ3人の男性隊員は懲戒免職となり、2023年には強制わいせつ罪での有罪が確定しています。元女性隊員が、顔も名前も明かして粘り強く社会に訴えたことで、自衛隊で女性隊員へのセクハラ行為が日常的に行われていることも明らかになりました。

セクハラ問題では、2023年に明らかになった、男性人気アイドルを多数抱える芸能事務所の元社長による、所属タレント等への性加害が社会に衝撃を与えました。元社長による性加害は、1999年に訴訟を通して事実認定されたにもかかわらず、それが大きく報じられることはありませんでした。

広く社会に知られるようになったきっかけは、元社長の性加害について取り上げた、イギリスの放送局による長編ドキュメンタリー番組です。その後、元所属タレントが次々と声をあげ、実名で被害を告発したことから、数十年にわたる元社長の性加害が明らかになりました。これにより、この芸能事務所は解体的出直しを余儀なくされました。そして日本の社会は、「男性が男性から性加害を受ける」という問題の存在を広く認知するようになったのです。

ハラスメントの被害者が声をあげるのは、勇気がいります。特に性被害はパワハラ以上に声をあげにくく、見えないところで行われやすいこともあって明らかになりにくいものです。しかし、自衛隊、芸能事務所での性加害は、被害者が勇気を持って声をあげたことで加害の事実が知られ、加害者が裁かれました。この2つの問題は、それを世に示したエポックメイキングな出来事だと言えます。

芸能事務所元社長の性加害が外国での報道をきっかけに明らかになっていったように、日本のハラスメント対応はまだ黎明期にあります。日本をハラスメント対応の確立した国に変えていくためには、被害者が声をあげ、適切な対応を求めていくことが不可欠です。

声をあげていかないと、悲しいことですが、事件発生までハラスメントが見過ごされることもあります。2022年には、行政が医療・介護関係者の保護に動くきっかけとなった衝撃的な事件が起こりました。埼玉県での在宅医と介護関係者の殺傷事件です。在宅介護していた母親の死の原因が、医療・介護関係者が十分な対応をしなかったことにあると考えた息子が、弔問に訪れた医師らに発砲。医師が死亡、理学療法士が重傷を負いました。

この息子は、地域の医師会の相談窓口に１年間で15回、相談の電話をかけていたことが明らかになっています。母親の介護を通して身につけた医療の知識から、治療に関する様々な相談をしていたようです。また、新型コロナウイルスが猛威をふるい、医療が逼迫していた時期に、経管栄養のチューブが抜けると１日に何回も医師を呼んでいたことも明かされています[9)]。

母親の存命中のこうした息子の言動が、ハラスメントに当たるかどうかはわかりません。しかし殺傷事件の発生後、在宅医療・介護現場でのハラスメントへの注目が高まったのは間違いありません。在宅医療・介護現場でのハラスメントについて調査を行い、対応策を打ち出す自治体も増えていきました。

介護現場でのハラスメントは、ようやく社会で認知されるようになってきたところです。まだまだ多くの人に知ってもらう必要があります。ハラスメント被害を受けたら、どうか勇気を持って声をあげ、組織としての対応を求めていただきたいと思います。

それは、皆さん自身が安心・安全に働ける環境を整えていくためだけではありません。介護職員は2040年度には約57万人が不足すると言われています。これから多くの人たちを介護業界に迎え入れていくためにも、ハラスメント対策は不可欠なのです。

(3)「カスタマーハラスメント」の増加

ハラスメント問題への職場、組織内における認知が進むのと並行して、「カスタマーハラスメント」（顧客等からの著しい迷惑行為。以下、カスハラ）も広く知られるようになりました。2017 年頃から、スーパーやコンビニエンスストアの店員や鉄道の駅員などに対するカスハラが、しばしば報道されるようになったからです。介護現場のハラスメントもカスハラに該当します。

2021 年には、厚生労働省が事務局を務める「顧客等からの著しい迷惑行為の防止対策の推進に係る関係省庁連携会議（以下、連携会議)」が設置されました。これは、消費者庁、厚生労働省、農林水産省、経済産業省、国土交通省、そしてオブザーバーで警察庁、法務省も参加した合同での検討会議です。設置の背景には、2019 年に改正された「労働施策総合推進法」等でパワハラ対策が義務化されたこと、衆参両院の厚生労働委員会での付帯決議にカスタマーハラスメントへの対応が盛り込まれたことがあります。参議院厚生労働委員会では、「訪問介護、訪問看護等の介護現場や医療現場におけるハラスメントについても、その対応策について具体的に検討すること」と、介護現場でのハラスメントについても付帯決議が付けられました。

連携会議の第１回会合では、実態調査や研修の手引きの作成など、これまでに厚生労働省が行った介護業界での取り組みが紹介されました。全産業の中で国として一番早く取り組んでいたのが介護現場のハラスメント対策だったからです。連携会議では、その後、流通業、鉄道事業、飲食業でのハラスメントについてのヒアリングが行われました。加えて、消費者団体や消費生活アドバイザー等、顧客側の代弁者からのヒアリングも行われています。

このヒアリングで注目したい意見は表 2-1 の通りです[10)]。

■2-1　連携会議でのヒアリングの意見（筆者が抜粋）

全国スーパーマーケット協会	● ハラスメント行為者には自尊心が強く、完璧主義傾向のある社会的階層の高い人が多い ● 日頃のストレス発散のような言いがかり的なクレームや大声で威嚇するような行為がある ● 業界全体で認識を一つにし、最低基準の対応の標準化が必要
日本民営鉄道協会	● 職員への暴力行為は、「飲酒あり」の人によるものが 61.3% ● 発生要因として最も多いのは「理由なく突然に」が37%、「迷惑行為を注意して」が 23%、「酩酊者に近づいて」が 20%
日本フードサービス協会	● 客の不満、意見、要望であるクレームと、悪質クレーム・不当要求は区別して対応する必要がある ● カスタマーハラスメントの定義を明らかにするのは困難
全国消費者団体連絡会	● 正当な苦情・クレームまでもがカスタマーハラスメントとして受け取られると、消費者の権利の侵害になる可能性がある ● 従業員の顧客対応力アップのための教育研修と消費者教育の強化、対応事例の共有などについて議論が必要ではないか
日本消費生活アドバイザー・コンサルタント・相談員協会	● 正当なクレームとは商品やサービスに落ち度があった場合の訴えや不満足の表明 ● カスタマーハラスメントとは、法的にも倫理観的にも正当とは言えない要求の執拗な繰り返し、威喝行為や、要求が受け入れられない場合に対応者に暴力、人格を傷つける発言等をする行為 ● カスタマーハラスメントを行う人への対応手段として、警察や司法、家族や介護関係者への協力要請など

連携会議では、2022年に「カスタマーハラスメント対策企業マニュアル（以下、「カスハラマニュアル」）」[11] を作成しています。このマニュアルには、カスハラを「顧客等からのクレーム・言動のうち、当該クレーム・言動の要求の内容の妥当性に照らして、当該

要求を実現するための手段・態様が社会通念上不相当なものであって、当該手段・態様により、労働者の就業環境が害されるもの」としています。具体例として下記のような行為が挙げられています。

「顧客等の要求の内容が妥当性を欠く場合」の例

- 企業の提供する商品・サービスに瑕疵・過失が認められない場合
- 要求の内容が、企業の提供する商品・サービスの内容とは関係がない場合

「要求を実現するための手段・様子が社会通念上不相当な言動」の例

≪要求内容の妥当性にかかわらず、不相当とされる可能性が高いもの≫

- 身体的な攻撃（暴行、傷害）
- 精神的な攻撃（脅迫、中傷、名誉毀損、侮辱、暴言）
- 威圧的な行動
- 土下座の要求
- 継続的な（繰り返される）、執拗な（しつこい）言動
- 拘束的な行動（不退去、居座り、監禁）
- 差別的な言動
- 性的な言動
- 従業員個人への攻撃、要求

≪要求内容の妥当性に照らして不相当とされる場合があるもの≫

- 商品交換の要求
- 金銭補償の要求
- 謝罪の要求（土下座を除く）

「カスハラマニュアル」では、こうした具体的なハラスメントの例のほか、長時間拘束された場合、繰り返し要求してくる場合、暴力をふるう場合など、ハラスメント行為別の対応例なども示されています。対人援助のサービスでは取り入れにくい部分はあります

が、参考になる部分もあります。インターネットでダウンロードできますので、ぜひ一度読んでみていただきたいと思います。

このほか、カスハラへの対応については、2023年から相談窓口の設置や対策実行支援のための専門家の派遣を行っている東京都で2024年10月、カスハラを防止する全国初の条例が制定されました(2025年5月施行)。カスハラによって、労働者の就業環境が損なわれることを防止する意識は、官民ともに高まっているのです。

第３節　ハラスメント対策が必要な理由

(1)　刑法犯罪の可能性

ここで、ハラスメント対策が必要な理由について、改めて確認しておきましょう。

まず一つには、ハラスメント行為が、刑法犯罪の構成要件に該当する可能性があることです。厚生労働省の「対策マニュアル」によれば、ハラスメント行為は、暴行罪、傷害罪、脅迫罪、強制わいせつ罪等に該当する可能性があるとされています[1)]。そして、ハラスメントは職員による利用者への虐待行為と同じように、介護現場での「権利侵害」だと指摘しています。

第１章で取り上げたNCCUのハラスメント調査にあるように、介護の現場では、暴力行為が頻繁に発生しています。「暴行罪」に問われるのは、故意に暴行を加えた場合です。腹を立てた要援護者の振り上げた手が、たまたま介護職等の顔に当たった場合などは、暴行には当たりません。しかし、例えばケアのやり方が気に入らないときに、故意に杖で介護職等を何度も打ちつけるなどの行為は、暴行罪に当たる可能性があるでしょう。

介護など対人援助の現場では、暴行を受けた、けがをさせられたからといって、警察に通報することをためらう事業所が多いと思います。それは、支援の挫折のように感じられたり、また、要援護者等の行為を「犯罪」と見なすことへの抵抗感があったりするからかもしれません。

たしかに、ハラスメントの問題を、安易に警察に任せて解決しようとするようでは困ります。しかし、職員の心身が傷つけられ、刑法犯罪にも該当するような行為が繰り返されるのを、そのままにしておいてはなりません。

かつて対人援助の現場で、訪問サービスの担当者に薬物が混入された お茶が供され、担当者が意識を失うというケースがありました。事業所には、刑法犯罪によって職員が傷つくことがないよう、適切に対応することが求められています。

警察に通報する判断基準は、一例として、以下のようなことが考えられます。

- 行為者が、認知症や精神疾患のない人である
- 十分なアセスメントに基づき、でき得る限りの対応をし尽くしてなお、ハラスメントに該当する行為を止めることが難しい
- 被害を受けた介護職等が、心身に大きなダメージを受け、一定期間、職務に当たることができなくなった

これはあくまでも一例で、決して推奨しているわけではありません。どのような判断基準で警察への通報を行うのかについては、各事業所で十分検討しておくことが大切です。

(2)　使用者の「安全配慮義務」

労働者を守る法律の一つ、労働契約法の５条には、「使用者は、労働契約に伴い、労働者がその生命、身体等の安全を確保しつつ労働することができるよう、必要な配慮をするものとする」と規定されています。これが、「安全配慮義務」です。

この法律における「使用者」とは、「使用する労働者に対して賃金を支払う者」（労働契約法２条２項）を指します。これは、個人企業であればその企業主個人を指しており、会社その他の法人組織

であれば法人そのものを指しています。

また、条文にある「労働者」とは、「使用者に使用されて労働し、賃金を支払われる者」（労働契約法2条1項）を指しています。これは正職員だけを指すものではありません。使用者の指揮・命令に従って働き、その報酬として賃金を受け取っていれば、例えば、「請負」で働く登録ホームヘルパーも含まれ得ます[12)]。

ここで言う「生命、身体等の安全」には、身体的な安全、健康だけでなく、心の安全、健康も含まれています。実は、介護サービス従事者は、2023年度、うつ病などの精神障がいによる労災補償の請求件数が209件と、全体の中で3番目に多い職種でした[13)]。

「安全配慮義務」で使用者に求められている「必要な配慮」は一律ではなく、使用者に特定の対応を求めるものではありません。ただし、使用者が、労働者がハラスメントを受けていることを認識しながらその被害を防止する対応をとらなかった場合には、安全配慮義務違反に基づく損害賠償責任を負うことがあります。

使用者にはハラスメント対策を含め、安心・安全に働ける環境の整備が求められています。心身の健康を守るため、ハラスメント問題も決して軽視することなく、対策を講じることが必要です。

(3)　離職の原因としてのハラスメント

ハラスメント対策は、すでに述べたように離職防止策としても重要です。厚生労働省による調査では、ハラスメントを受けた経験がある介護職等のうち、それで仕事を辞めたいと思った人の割合は、サービス種別ごとに見て、最も少ない訪問リハビリテーションで15%、最も多い定期巡回・随時対応型訪問介護看護で37%でした。ハラスメントを受けたことがある介護職等全体を見渡すと、概ね3割程度が離職を考えたことがあるのです。

ここで考慮する必要があるのは、ハラスメント被害そのものが、離職を考えた直接的な原因となっているとは限らないことです。

介護労働安定センターによる令和４（2022）年度の「介護労働実態調査」では、「何か悩みがある場合に相談できる担当者や『相談窓口』の有無」について、全体では半数を超える介護職が「ない」あるいは「わからない」との回答でした[14]。また介護労働安定センターによる2022年実施の「介護事業所のハラスメントに関する調査」でも、調査対象となった訪問介護員、サービス提供責任者、介護支援専門員の４割以上が「相談窓口がない」または「（法人内または法人外に）あるが職員へあまり周知されていない」と回答しています[15]。そのためか、訪問介護員、サービス提供責任者では「相談できる仕組みがほしい」という回答が３割以上に上りました。

繰り返しになりますが、NCCUの「ハラスメント調査」では、ハラスメントを受けても相談しない理由として、「相談しても解決しないと思ったから」という回答が、約４割を占めていました。前述の「介護事業所のハラスメントに関する調査」でも、やはり相談

■ 2-2　ハラスメントを受けて仕事を辞めたいと思った職員の割合

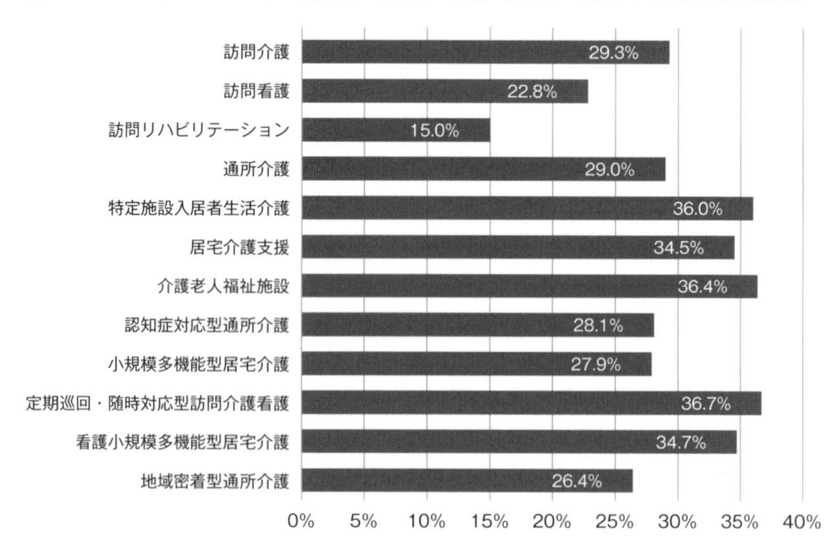

※　厚生労働省「介護現場におけるハラスメントに関する調査研究報告書」より抜粋して筆者が作成

■2-3　相談できる担当者や「相談窓口」の有無

区分	ある	ない	わからない	無回答
全体（n=19,890）	43.5	33.1	21.1	2.3
訪問系（n=6,301）	47.5	29.1	20.9	2.5
施設系（入所型）（n=2,484）	41.4	34.0	22.9	1.7
施設系（通所型）（n=5,655）	40.1	35.8	22.0	2.0
居住系（n=2,117）	42.9	34.2	21.2	1.8
居宅介護支援（n=2,255）	46.0	35.3	16.2	2.5

（0%　20%　40%　60%　80%　100%）

※　介護労働安定センター「令和４年度介護労働実態調査　介護労働者の就業実態と就業意識調査　結果報告書」より

しない理由として最も多い回答は、「相談しても解決しないと思ったから」でした。

相談しない、できない職場では、ハラスメントによって受けた心身の痛みや傷を、介護職等は自分の中に抱え込むことになります。それが続けば、いつか抱えきれなくなり、もう仕事を続けるのは難しいと考えるようになるかもしれません。

介護人材が不足している今、現任の職員を要援護者等からのハラスメントによって失うことなどあってはなりません。ハラスメントを予防する対策と、ハラスメントを受けた介護職等を支える仕組みづくりは待ったなしです。いまだ対策を講じていない事業所は、意識を切り替え、早急にハラスメント対策を講じる必要があります。

第３章
ハラスメントとは何か

ハラスメントとは何かについて、すでに厚生労働省による定義等を示しました。この章では法律上のパワーハラスメント、セクシュアルハラスメントの定義も含め、もう一度ハラスメントとは何かを整理しておきます。ただ、要援護者等による暴言や暴力等がハラスメントに該当するかどうかは、必ずしも重要ではありません。理由は本文で説明します。

第１節　法律における「ハラスメント」

(1)　カスタマーハラスメントの扱い

介護現場でのハラスメントを含むカスハラについて、法律上での定義はまだありません（2024年11月時点）。一方、2019年に改正された「労働施策総合推進法」では、パワハラ対策が義務化されました。そして、これを審議した衆参両院の厚生労働委員会での付帯決議には、カスハラへの対応が盛り込まれています。

特に参議院厚生労働委員会では、すでに述べたように介護現場でのハラスメントについての付帯決議が付けられました。

両院の付帯決議を踏まえて示された「パワハラ防止指針」※の最後には、「顧客等からの著しい迷惑行為」（＝カスハラ）に関して事業主が行うことが望ましい取り組みとして、以下のことが書かれています[16)]（筆者要約）。

※　正式には、「事業主が職場における優越的な関係を背景とした言動に起因する問題に関して雇用管理上講ずべき措置等についての指針」（令和２年厚生労働省告示第５号）

⑴　**相談に応じ、適切に対応するために必要な体制の整備**
・相談先を決めて労働者に周知する
・相談を受けた者が適切に対応できるようにする

⑵　**被害者への配慮の取り組み**
・被害者のメンタルヘルス不調への相談対応
・カスハラに一人で対応させない

⑶　**被害防止のための取り組み**
・対策マニュアルの作成
・研修の実施
・業種や業務の状況に応じて必要な取り組みを進める

また、「定義」ではありませんが、47 ページに記したように、「カスハラマニュアル」では、「顧客等からのクレーム・言動のうち、当該クレーム・言動の要求の内容の妥当性に照らして、当該要求を実現するための手段・態様が社会通念上不相当なものであって、当該手段・態様により、労働者の就業環境が害されるもの」が、カスハラだとされています。

2021 年度介護報酬改定では、厚生労働省令が改正され、「介護サービス事業者の適切なハラスメント対策を強化する観点から、全ての介護サービス事業者に、男女雇用機会均等法等におけるハラスメント対策に関する事業者の責務を踏まえつつ、ハラスメント対策を求めることとする」とされました[2)]。

介護現場でのセクハラに関しては、職場でのセクハラ同様、「男女雇用機会均等法」で事業主に求められている雇用管理上の措置が明確に義務づけられたのです。カスハラに関しては、対策は義務化されていませんが、カスハラ防止のための方針の明確化等、必要な措置を講じることが推奨されています。

次に、法律上の「職場」「労働者」の意味など、パワハラ、セクハラについて規定している２つの法律について少し見ておきましょう。

(2) 労働施策総合推進法が規定する用語について

2019年に改正された「労働施策総合推進法」の具体的な運用を示す指針（前出の「パワハラ防止指針」）では、職場や労働者について、以下のように規定しています。

「職場」については、雇用されている労働者が業務を行う場所としていますが、通常働いている場所以外でも業務を行う場所は職場に含まれると説明しています。

この指針を援用すると、訪問介護で訪れた要援護者宅や、サービス担当者会議等を開催した要援護者宅、連携先の事業所も「職場」だと言えそうです。

「労働者」については、正規雇用の労働者だけでなく、パートや契約社員などの非正規雇用の労働者も含むとしています。また、派遣労働者についても、同様の対応が必要になります。

近年、介護現場では派遣で働く介護職員が増えています。事業主は派遣労働者に対する利用者等からのハラスメントについても、見過ごすことなく対応する必要があります。

(3) 男女雇用機会均等法におけるセクシュアルハラスメント

セクハラについては、「男女雇用機会均等法」で規定されています。この法律に基づいて示された「セクハラ防止指針」[※1]では、セクハラについて次のように書かれています（筆者要約）[17]。

※1　正式には、「事業主が職場における性的な言動に起因する問題に関して雇用管理上講ずべき措置等についての指針」（平成18年厚生労働省告示第615号）【令和2年6月1日適用】

- セクシュアルハラスメントには２つある
- 一つは、職場での性的な言動を受けた労働者が、その言動について対応したことで、労働条件についての不利益を受けるもの。これを「対価型セクシュアルハラスメント」という
- もう一つは、性的な言動によって労働者の働く環境が害されるもの。これを「環境型セクシュアルハラスメント」という
- 職場でのセクシュアルハラスメントは、同性に対するものも含まれる
- 被害を受けた人の性的指向や性自認にかかわらず、職場でのセクシュアルハラスメントはこの指針の対象となる

指針にある用語の説明によると、「性的な言動」（筆者注：以下、セクハラ行為）とは、性的な内容の発言、性的な行動を指しています。性的な事実関係を尋ねること、性的な内容の情報を意図的に周囲に広めることなどが、「性的な内容の発言」です。そして、「性的な行動」とは、性的な関係を強要すること、必要なく体に触れること、わいせつな絵などを配布することなどが含まれます。

「対価型セクシュアルハラスメント」とは、セクハラ行為を受けた労働者が、その言動に対して拒否、抗議などの対応をしたことで、事業主等から解雇、降格、減給等の不利益を受けることです。介護などの現場での要援護者等からのセクハラは、これには該当しないと思われますので、これについての説明は割愛します。

一方、「環境型セクシュアルハラスメント」とは、職場で行われるセクハラ行為によって仕事の環境が損なわれ、仕事をする上で見過ごせないほど重大な支障が生じることだと説明されています。介護現場でのセクハラは、こちらに該当します。

前述の通り、介護現場でのセクハラには、職場でのセクハラ同様の対応が義務化されています。

以下、「セクハラ防止指針」から、介護現場でのセクハラ対応に

おいても重要と考えられる部分を要約、抽出しました。

・・・

(1)　事業主の方針等の明確化とその周知・啓発

- 性別役割分担意識に基づく言動など、セクハラ発生の原因や背景について労働者の理解を深める
- 社内報、パンフレット、社内ホームページ等、広報や啓発のための資料にセクハラについて記載し、配布する
- セクハラの内容や発生原因や背景などについて、周知・啓発する研修等の実施
- セクハラ事案への対処方針を文書で規定し、管理者を含む労働者に周知・啓発する

(2)　相談や苦情に適切に対応する体制の整備

- 相談窓口をあらかじめ定めて労働者に周知
- 相談窓口は、担当者を決める、相談制度を設ける、外部機関委託等の方法で設置
- 被害者が相談をためらうことも考慮し、相談者の心身の状況等に適切に配慮
- 相談担当者に相談対応、プライバシー保護の研修を実施
- 留意点をまとめた対応マニュアルをあらかじめ作成。それに基づいて対応

(3)　セクハラ事案への迅速で適切な対応

- 相談者・行為者のプライバシー保護に必要な対応をとる
- 相談担当者等が、相談者、行為者双方から事実関係を迅速、正確に確認
- その際、相談者の心身の状況、セクハラ被害を受けたショックなどに適切に配慮
- 相談者と行為者の主張が一致しない場合は、第三者への事実確認等も実施

- セクハラ行為が確認できた場合、状況に応じて、下記のような被害者に対する配慮のための対応を適正に行う
  - ➢ 被害者と行為者の関係改善の援助
  - ➢ 被害者と行為者を引き離す配置転換
  - ➢ 行為者の謝罪
  - ➢ 被害者の労働条件上の不利益の回復
  - ➢ 被害者のメンタルヘルス不調への相談対応
- セクハラ行為が確認できた場合、行為者に適正に対応
  - ➢ 被害者への対応と同様に、関係改善の援助、担当替え、行為者の謝罪など
  - ➢ 中立な第三者機関の解決案に沿って対応
- セクハラ問題についての周知・啓発等、再発防止策を改めて実施

指針には、事業主がとるべき対応として「行為者の謝罪」が挙げられていますが、これには注意が必要です。特に、男性からセクハラ行為を受けた女性には、「顔を合わせたくない」という人が少なくありません。会いたくない被害者に加害者を合わせることは、セクハラ行為を受けて傷ついた被害者をさらに傷つける「二次被害」になります。また、「配置転換（担当替え）」についても、第1章第1節で述べたように、必ずしも本人がそれを望むとは限りません。こうした対応をとる際には、被害を受けた職員の希望をよく確認することが必要です。

また、指針にあるように、セクハラは性別によって違いはありません。同性に対するもの、女性から男性に対するものもセクハラに該当すると認識しておくことも大切です。

「セクハラ防止指針」における「職場」には、「顧客等の自宅」も含まれることが明記されています。「労働者」については、「パワハラ防止指針」とほぼ同様です。また、セクハラ行為を行う者については、2020年に「セクハラ防止指針」の一部を改正して発出された厚生労働省告示で、「顧客、患者またはその家族」もなり得ると

されています[18]。施設等だけでなく、訪問介護や訪問看護、訪問リハビリテーション等、利用者宅で起きたセクハラ事案についても、すべて事業者として対応が必要だと言うことです。

第２節　本書における「ハラスメント」の考え方

ここまで、法律等で説明されているハラスメントの内容について見てきました。それを踏まえ、ここで本書での、介護などの対人援助の現場における要援護者・その家族からのハラスメントについての考え方をお伝えします。

介護現場では、「ハラスメントかどうかわからないから対処が難しい」という声をよく聞きます。セクハラに関しては、「男女雇用機会均等法」に書かれている内容に基づく判断に迷いは生じにくいと思います。しかし、介護現場で起きる「身体的暴力」や「精神的暴力」については、カスハラかどうか迷うことは多いかもしれません。例えば、利用者から改めるべき点を指摘されたとき、どこまでが正当なクレームでどこからが行きすぎたクレームか。あるいは、支援中に利用者に痛い思いをさせて怒鳴られたときは、ハラスメントと言えるのか――そう悩み、「ハラスメントかどうかわからない」「自分に落ち度があるのだから、怒鳴られても仕方がない」と考える介護職等は多いように思います。

ここで筆者がお伝えしたいのは、「ハラスメントかどうか」の線引きに頭を悩ますのをやめてはどうかということです。ハラスメントが起きたとき、なぜ事業所として対応が必要なのでしょうか。それは大事な職員を守るためです。そうであれば、注目すべきことは「ハラスメントかどうか」ではなく、下記の３点であるべきです。

- 職員（自分自身）が傷ついていないか
- 職員（自分自身）が安心・安全に働ける状況か
- 利用者と職員（自分自身）との信頼関係が損なわれていないか

この３点のうち、どれか１つでも該当するような行為があったら、職員を守るために事業所として何らかの対応が必要です。職員の皆さんは、自分がこの３つのどれかに該当する行為を受けたら、すぐに事業所に報告して対応を求めてください。もう、「これぐらいのこと」と、我慢するのをやめてほしいのです。

厚生労働省の調査では、ハラスメントを受けても相談しなかった理由として、「自分でうまく対応できていたから」という回答が、各サービスとも３割前後ありました。しかし、ある職員がうまく対応できていても、他の職員は対応できないかもしれません。我慢して報告・相談をしないことは、被害を拡大させたり、他の職員に被害を広げたりする可能性があります。そのことをよく認識していただきたいのです。

また、「対応」というのは、すぐにハラスメント行為者に注意を促すということではありません。第６章に書いた事後対応、再発防止も含め、「見過ごさない」「そのままにしない」で、事業所として「対応をとる」必要があると考えていただきたいと思います。

第３節　介護現場のハラスメント対応の難しさ

法律に記されているハラスメントに該当しなくても、前述の通り、職員が傷ついているような不適切な行為には対応が必要です。ただ、どのように対応するかについては、一般産業界での対応とは大きく異なる難しさがあります。

近年、顧客などからの迷惑行為がカスハラと呼ばれ、対応が求められるようになったことは、すでに述べた通りです。しかし、介護業界では他業界のように、「ハラスメント事案」と割り切って対応するのはなかなか難しいのが実状です。その背景には、介護現場の特異性があります。

(1)　行為者が要援護者またはその家族

特異性の一つは、そもそもハラスメントの行為者が支援を必要としている人、あるいはその家族だということです。

要援護者等が、明らかに問題のあるハラスメントを行っている。関わる介護職等全員が、そう認識している。そうだとしても、それを理由に支援を打ち切る等の対応をとっていいものか――。支援を失えば、すぐにも生活が成り立たなくなる要援護者もいるため、これは多くの介護職等が悩む問題です。

第２章第１節で、これまでの介護職等には「パターナリスティックな思い込み」を持つ人がいることを述べました。要援護者に対して過剰に庇護的なのは、適切な支援姿勢とは言えません。しかし、心身、生活環境に何の支障もない人と、支援を必要としている要援護者を全く同列に見ることができないこともまた事実です。そのバランスをどうとればよいのか。介護をはじめとした対人援助の現場でのハラスメント対策は、他業界より、はるかに繊細な配慮と懐の深さが求められ、その対応は実に難しいのです。

その難しさと向き合い、解決策を探っていく。介護職等の対人援助職の専門性は、支援を必要とする人の抱える様々な難しさと丁寧に向き合っていくところにこそ、あると言えるのではないでしょうか。対人援助の現場で働く皆さんには、そうした自負を持って、ハラスメント対応を考えていただければと思います。

もちろん、明らかなハラスメント行為があり、その改善が見込めないなどの場合、我慢をして援助を続けることが適切とは言えません。時には支援を断る判断も必要です。その際には、支援についての契約書等の条項に、事業者から契約解除ができる条件としてハラスメント行為について記してあり、十分な説明を行い、要援護者等も納得した上で契約を交わしていることが基本です。

そしてまた、契約を解除することになった要援護者がサポートを失わないよう、新たな支援者に引き継ぐ努力をする必要があることは言うまでもありません。

(2)　疾患や障がいによる症状の問題

介護現場での支援を難しくしているもう一つの特異性は、要援護者等の疾患や障がいによる症状の問題があります。介護などの現場では、認知症や統合失調症、高次脳機能障がい、失語症など、疾患や障がいがあるために支援を必要としている要援護者等が多数います。概ねそうした疾患等を持たない人を対象に業務を行っている他業界とは、事情が異なります。支援に当たっては、当然、要援護者等が抱える疾患等についての考慮が必要です。「不適切な行為」があったときには、改善を求めるべき問題なのか、疾患や障がいの症状として、医療の力を借りながら症状の軽減を図る必要があるのか——難しい判断と対応が求められることになります。

前述のような疾患等があることで、疾患等を持たない人とは異なる反応、言動が見られるケースは少なくありません。もし出現した行為、言動だけを見て、「問題がある」と見なしたら、要援護者等への適切な支援は難しくなるかもしれません。

厚生労働省は疾患や障がいの症状による暴力等はハラスメントではないとしていますが、すでに述べたように、ハラスメントかどうかにこだわる必要はありません。要援護者等の疾患・障がいの有無にかかわらず、介護職等が安心・安全に働けない状況なら、不適切な行為の背景にあるものを冷静に分析し、対応することが求められます。ただし同時に、疾患や障がいを十分に考慮できているかどうか、自分自身の支援を振り返ってみることも忘れてはなりません。

第４章
ハラスメントはなぜ起こるのか

ハラスメントが起きる原因は様々です。ここでは心理面を中心に、その原因を考えます。高齢者などの要援護者、介護家族の心理への理解を深めれば、ハラスメント予防につながります。併せて、職員を含め個々人が持つ特性についても触れておきます。

第1節　高齢者・要援護者の心理

(1) 支援が必要になった自分を受け入れられない

高齢者が過ごす老年期は、持っていた能力、それまでに手に入れてきた能力を徐々に失っていく時期です。視力、聴力、筋力、集中力、記憶力、好奇心。かつての能力が徐々に衰えていき、以前の自分とは違う自分になっていくように感じる高齢者もいることでしょう。能力の衰えに伴い、生活も変わっていきます。

長年、自分の思い通りに生きてきたのに、周囲から行動に制限をかけられる。庇護的に扱われる。それを、自由を失ったように感じる人もいると思います。そうした様々な心身や環境の変化や制約で、心理面にマイナスの影響が生じがちなのは当然の反応であることが指摘されています[20)]。

能力の低下を落ち着いて受け止められる人もいます。しかし、受け入れられずに苦しむ人、認めようとしない人は少なくありません。それは高齢者に限らず、支援を必要とする人共通の心理です。人の力に頼らなくてはならない生活が始まった苦しみを受け入れるには、時間がかかります。その受容のプロセスにはゆっくりと付き添う他者が必要であり[21)]、それは介護職等が担う場合もあるでしょう。

筆者は、神経内科クリニックの心理士として、認知症の診断を受けた人との面接を担当しています。面接では、記憶力が低下し、少し前のことを覚えていられないこと、思い出せないことが増えていることへの不安がしばしば語られます。

一方で、認知機能の低下が見られるのに、「物忘れはない」「何も困っていない」と言い切る人もいます。それを、認知症だから自分ではわからないのだ、と考える人が、介護家族だけでなく、介護職等にもいます。たしかにそういう場合もあるでしょう。しかし、特にMCI（軽度認知障がい）や初期認知症の場合は、自分で自分の物忘れに気づいているからこそ、強い不安を感じ、受け入れられないケースが少なくないことが指摘されています[22)]。

また、以前のようにできない、覚えていられない自分自身にイライラし、腹を立てていることも多いとも言われています[23)]。それが、時として、介護家族や介護職等への暴言や暴力につながることがあるかもしれません。

筆者は、不安を語る人より「困っていない」と言う人こそ、細やかに見守る必要があると考えています。自分に認知機能の低下があることを、今はまだ受け入れたくない。そんな思いが強い人は、周囲からの支援もなかなか受け入れようとしないことが多いからです。

このような要援護者には支援を勧めるより、まずその人が自己肯定感を高められるよう配慮する必要があると言われています[21)]。得意なことをやってもらう。やってくれたことに、「助かりました。ありがとう」と礼を言う。聞かせてくれる話に耳を傾けたり、一緒に物作りに取り組んだりして共に過ごす時間を楽しみ、そうした時間をまた過ごしたいという思いを伝えていくことなどです。

介護職等や家族など周囲の人が、その要援護者の存在を大切に思い、「ただいてくれるだけ」でも十分意味があると感じている。それが伝わると、その要援護者は自分自身の存在に価値を見出すことができ、自己肯定感の高揚につながります。

また、介護職等や介護家族は、要援護者が不安の声を発したときに、その声を漏らさず受け取れるようスタンバイしておくことも大切です。不安の声を自然な態度で受け取る者がいれば、不安を訴えてもいいのだと思えるようになっていきます。

認知症のある人に限らず、誰でも能力が失われていく自分を受け入れるのは容易ではありません。その能力喪失がいきなりやって来た場合は、なお受け入れるのが難しくなります。脳卒中や事故などで突然、体の機能の一部を失い、それまで当然のようにできていたことができなくなったケースです。

予期せぬ病は、体と心の両方に大きなダメージを与えます。しかし、今の医療システムでは、体の治療がすめば、心の傷つきが十分癒される間もなく退院を求められます。病気や事故で機能に変化が生じた体とどう付き合っていくかは、リハビリテーションの専門職が教えてくれるかもしれません。しかし、大きなダメージを受けた心との付き合い方は誰も教えてはくれません。

高齢者や、事故や病気で体の機能の一部を失った中途障がい者は、自分の持つ自己イメージと、現実の自分自身にギャップが生まれる場合があります。求められているサービスを提供しているのに、イライラとして不満が多い。そんな要援護者は、認知症を受け入れられない人と同じように、かつての生活、かつての体の動き、かつての頭の働きとのギャップに苦しみ、気持ちが揺れ動いているのかもしれません。そうした苦しみ、心の痛みは「スピリチュアルペイン」（コラム参照）の一つだと言えるでしょう。ハラスメントの背後には、スピリチュアルペインと折り合いを付けられないつらさ、苦しさがしばしば存在しているように思います。

column

スピリチュアルペインとは

スピリチュアルペインは、もともとは終末期のガン患者のケアから生まれた言葉です。医師でソーシャルワーカーでもあるシシリー・ソンダースがホスピスでの実践から、ガン患者が体験する様々な苦痛を「トータルペイン（全人的苦痛）」と呼びました。トータルペインには、感情面、身体面、社会面という３つの苦痛の要素に加え、スピリチュアルな要素（スピリチュアルペイン）

があるとしたのです[24]。

終末期ガン患者のスピリチュアルペインは、「自己の存在と意味の消滅から生じる苦痛」と定義されていました[25]。現在は、ガン患者や死にゆく人に限らず、身体的、心理社会的問題を持つ人すべてが根底に抱えている痛みだと言われています[26]。この痛みは普段は意識されることはありません。体や心、経済面などで危機的状況に陥ったときに、「なぜ私がこんな目に遭うのか」「生きていて何の意味があるのか」など、大きな痛みやいらだちとなってあらわになるのです。

また、この痛みを他者の力で解消することはできません。その人の中で揺らいでいる「価値」や「意味」を自分自身で問い直し、自分なりの新たな「価値」「意味」を見つけてはじめて和らいでいくものなのです。

そこで介護職等が果たすことができるのは、要援護者のそばに、ゆるぎなく「ただ共にある」ことです。「どんなあなたでもあなたはあなたです」。そんなメッセージを、粛々とサービス提供を続けながら、「共にある」ことで伝えていくのです。

姿形、能力にどのような変化があろうと、その人の価値は何も変わることはない。そうした思いを持つ人が、ゆるぎなくそばにいることで、要援護者の揺れ動く気持ちの振幅は、少しずつ小さくなっていきます。自分で自分の価値を見出すのが難しくなる老年期は、特にそうした支えが必要になる場合が多いのです。

しかし、要援護者の痛みやいらだちの表現が、もし容認できない暴言や暴力、セクハラなどのハラスメントを伴うのであれば、それに耐える必要はありません。過剰に寄り添いすぎず、ただ共にある。難しいことですが、これはとても意義深い支援です。

(2)　家族などにストレスを感じている

家族には家庭ごとに異なる歴史があり、長い時間をかけて培ってきた関係性はそれぞれ独特です。第三者からするといびつに見える家族も、全員が相互に影響し合いながら、微妙なバランスを維持している関係にあります。時として、そのバランスを崩し、関係そのものを大きく変えることがあるのが、介護です。

介護を必要とする人が現れたことで、ドミノ式に家族メンバーそれぞれに影響を与え、全体のバランスが変わっていきます。介護を通して、自覚していなかった感情が表面化し、隠れていた家族関係の問題がむき出しになる場合もあることが指摘されています[27)]。

介護が始まったことで生まれた家族との新たな関係は、要援護者にストレスを与えることもあります。介護する家族のストレスはしばしば話題にされますが、介護される側もまた介護者に対してストレスを感じているものです。そもそも、人の力を借りなければ生活できない状態は、誰にとってもストレスです。そこにさらに、介護者との関係が生むストレスが加わるのです。

長い家族の歴史の中で培われた関係は、たとえいびつでも、家族にとっては当たり前のものとなっています。そこに介護職等という第三者が介入すると、膠着していた家族関係に新しい風が入ります。新しい風は、いびつな関係を修正していく役割を果たすこともあるでしょう。しかし、時には、いびつな関係が生むストレスに巻き込まれた介護職等が、ハラスメントを受けることもあり得ます。

ストレスを与えてくる家族に対して、要援護者が怒りを感じたのであれば、本来、その怒りは家族に対して向けるべきものです。しかし、世話になっている遠慮からそうできず、やり場を失った怒りを介護職等にぶつけてくる場合があります。八つ当たりと言ってもいい、理不尽な怒りです。

人間関係からのストレスを受けた場合、健常な人はスポーツなど様々な方法でストレスを解消、軽減することができるでしょう。しかし、生活する上で支援が必要な人、特に要介護の人の場合、ストレスを解消したり、気分転換をしたりする方法は多くありません。結果、自分の中にストレスをためてしまうことが多くなるのです。

介護職等は、理不尽な怒りを受け止める必要はありません。しかし、要援護者が抱えているストレスやその背景について、理解しておくことは大切です。

支援の過程では、家族についての愚痴を聞かされることもあると思います。そういう場合では、肯定も否定もせず、傾聴することに努めます。身内の悪口は、自分自身が言うのはよくても、人からは言われたくないものです。「それはひどいですね」など同調することがないよう、気をつけましょう。

(3)　孤独感、寂しさを抱えている

老年期は、仕事や子育てから離れ、それまであった人との交流を手放していくことが多い時期でもあります。年齢が高くなるほど、配偶者や兄弟、友人など、親しい人たちを亡くす経験も増えます。寂しさ、多くの悲しみに接し、いずれやってくるであろう自身の死の影を感じることもあるでしょう。寂しさ、悲しさ、やるせなさなど、ネガティブになりがちな思いとも向き合い、受け入れながら歩みを進めなくてはならないのが老年期です。

日本では、一人暮らしの高齢者は年々増えています。次ページの表4-1の通り、令和6（2024）年版高齢社会白書によると、介護保険が始まった2000年には、一人暮らしの男性は約74万人、女性は約230万人でした[28)]。これは、65歳以上の高齢者のうち、男性は8.0%、女性は17.9%に当たります。それが、20年たった2020年には、男性は約231万人（高齢者の15.0%）、女性は約441万人（同、22.1%）が一人暮らしとなり、2050年には男性、女性とも一人暮ら

■4-1　65 歳以上の一人暮らしの者の動向

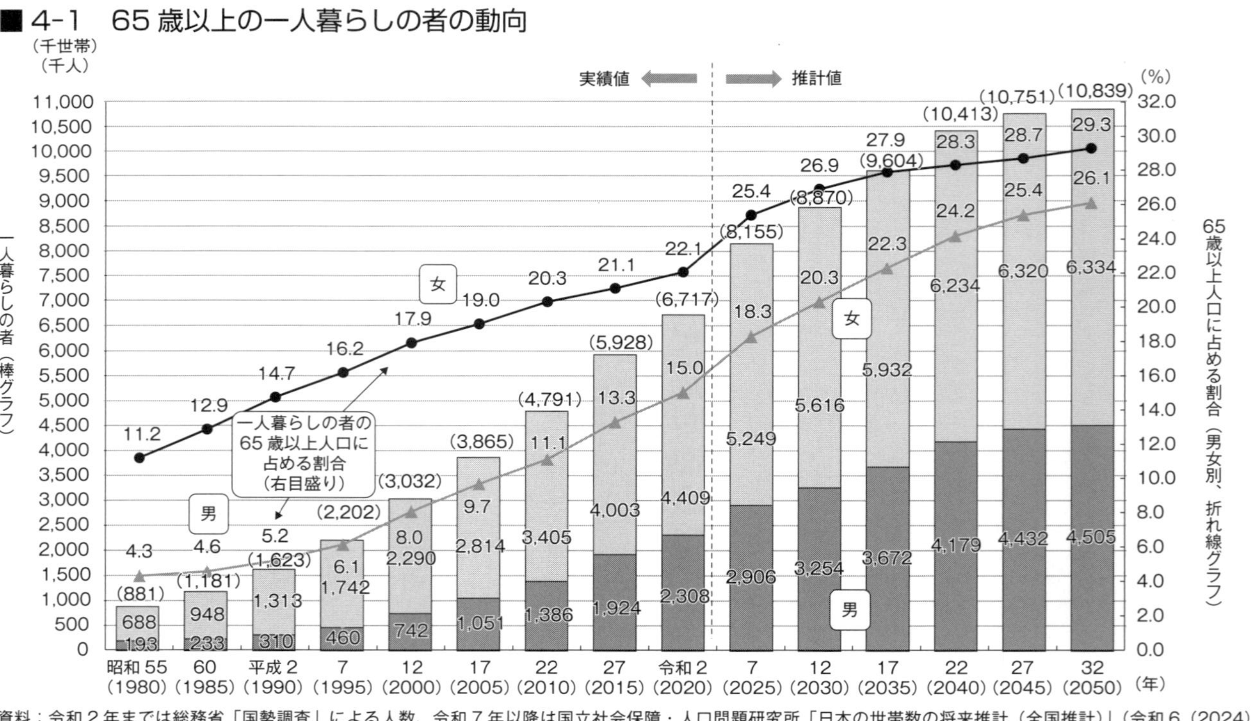

資料：令和２年までは総務省「国勢調査」による人数、令和７年以降は国立社会保障・人口問題研究所「日本の世帯数の将来推計（全国推計）」（令和６（2024）年の推計）による世帯数

（注１）「一人暮らし」とは、上記の調査・推計における「単独世帯」又は「一般世帯（１人）」のことを指す。

（注２）棒グラフ上の（　）内は 65 歳以上の一人暮らしの者の男女計

（注３）四捨五入のため合計は必ずしも一致しない。

※　令和６年版高齢社会白書（全体版）より

しが高齢者全体の３割に近づくと推計されています。

一人で暮らしている高齢者がみな寂しく、孤独だというわけではありません。ただ、同世代の友人が減っていくと、人間関係が狭まる可能性が高まります。一人暮らしの、特に男性高齢者にとっては子どもや孫などの親族といい関係を保つことが、身体・心理・社会的な支えになることが示唆されています[29]。今後は、支援が必要なのに支えてくれる家族を持たない高齢者がさらに増えていくでしょう。その中には、孤独を感じる人も少なくないと思います。

一方で、家族と暮らしていても孤独を感じる高齢者はいます。自分以外の家族は仕事があり、役割があり、様々なつながりの中で生きている。自分だけが何の役割もなく、誰にも顧みられず、一人取り残されている――家族がそれぞれの世界を持ち、生き生きと楽しそうに過ごす姿を見ることで、より強く、「自分には何もない」と感じてしまうこともあります。一人暮らしで感じる孤独より、家族の中で感じる孤独の方が、より深いとも言われています。「閉じこもり」は家族の中でつくられるという指摘もあります[30]。家族が支援を断ったり、過剰な気遣いで外出を止めたりすることで、閉じこもり、孤立が起こることもあるというのです。

「寂しさ」は、「寂しい」と言える相手、寂しさを分かち合える相手がいることで和らぎます。しかし、そういう相手がいない、いても寂しいと言えない、寂しさを分かち合えないとき、寂しい思いを屈折した形で表現してしまうこともあります。

サービス終了間際になると、新しい仕事を頼んでくる。けんかを売るように、わざと突っかかる。トラブルを起こして困らせる――これらは、親の関心を引きたい子どもがいたずらをするように、ネガティブな反応でもいいから、自分に目を向けてもらおうとする無意識の「コントロール」の場合があります。この「コントロール」に乗ると、ますます強い「コントロール」を仕掛けてくることがあります。反対に、「コントロール」をあからさまに無視したり、拒絶したりすると憤慨させてしまうことがあるかもしれません。

要援護者等が抱える「寂しさ」のすべてを理解することはできません。むしろ、第三者が理解できると考えるのは傲慢なことです。しかし介護職等は、要援護者等の「コントロール」の背後に寂しさが「存在していること」については、理解しておく必要があります。その上で、要援護者等の「コントロール」には振り回されないよう、一定の態度で対応することが大切です。

要援護者の「コントロール」に乗り、要援護者が抱える寂しさを「自分が何とかしなくては」と考えるのは適切ではありません。寂しい気持ちを満たすのは、介護職等が一人で担う役割ではないのです。寂しさを満たす役割まで担おうとすると、介護職等への「依存」を生むことにつながる恐れがあります。

「依存」の反対語は「自立」だとよく言われます。しかし最近は、この２つは反対概念ではないことが指摘されています[31)]。現代社会において、何にも頼らずに生きている人は誰もいません。数え切れないほど多くの人、物、機械などに「依存」しているから、まるで何にも頼っていないかのように感じるのです。そんなふうに、多くの依存先を持ち、特定の人や物だけに頼らずに生きられることこそが「自立」なのです。

高齢者などの要援護者等が抱える「寂しさ」もまた、誰か一人が支え、解消すべきものではありません。

要援護者のことは、介護職等が個人ではなく、支援ネットワークの中で支えていくのが原則です。介護職等がなすべきなのは、「寂しさ」を抱える要援護者が多くの人と触れ合える機会をつくることです。そして、その中で要援護者が「自立」し、自分の抱える「寂しさ」とうまく付き合えるよう支援していくこと。それが介護職等に求められている役割なのです。

(4)「高齢者は大事にされて当然」と思っている

年長者は敬うべきだ。今の日本をつくるために身を粉にして働いてきた世代を、もっと大切にすべきだ。高齢者のそんな声を聴くことがあります。そう訴える人たちは、自分自身がかつて年長者を敬い、大切にしてきた経験があるのでしょう。言い換えれば、年長者から敬うよう求められ、それに応えてきた人たちだとも言えます。

それだけに、自分たちがしてきたように、若い世代には自分たちを大切にしてほしい、自分たちの要望に応えてほしいという思いがあるのだと思います。しかし時代は移り変わり、社会状況は大きく変化しています。様々な情報、ノウハウがインターネットで手に入るようになり、残念ながら高齢者の知恵が必要とされ、敬われる場面は、以前に比べると少なくなりました。むしろ、技術革新の早い現代では、若者の方が年長者をリードする場面が増えています。そうしたこともあり、期待通りには大切にしてもらえない、要望を聞いてももらえないと、傷つき、不満やいらだちを感じている高齢者は少なくないと感じます。

家族観も変わり、世代による感覚の違いも大きくなっています。かつての感覚でものを言っても、通用しにくいのが現代です。そのことに、年長の世代ほどなかなか気づけません。気づけない、理解できないことが多くなって、高齢者はなおのこと、いらだつ場面が増えているのかもしれません。そしてそんないらだちが、時として、目の前にいる介護職等による支援への評価に投影され、暴力や暴言などのハラスメントとなって、介護職等に向かうことがあるとも考えられます。

そもそも現代は、社会全体が許容力、寛容さに乏しくなっていると言われています。そんな現代社会を生きる高齢者が、向ける先のない不満やいらだちを持つこと自体は、やむを得ない部分もあります。しかしその不満やいらだちを、暴力や暴言の形で表現することは不適切です。

介護職等は、高齢者の抱える不満やいらだちに理解を示すことは大切です。その上で、業務の範囲内で必要な支援を提供することを心掛けます。しかし、要求が「業務上必要な範囲」を超えたときは、毅然として退けます。そうすることで、高齢者に自分の要求の過大さを理解してもらえるよう、努める必要があるでしょう。

(5) 「客なのだから何を言ってもいい」と考えている

介護保険制度で提供する支援は、「介護サービス」と呼ばれます。「サービス」と名がついているためか、百貨店やスーパーなどの小売業、レストランなどの飲食業、ホテルなどの宿泊業などと同様に、介護事業も「顧客」に対して「サービスする」業種と考えている要援護者・その家族もいるようです。

農業などの第一次産業、製造業などの第二次産業以外の産業である、「第三次産業」＝サービス業という分類でいえば、介護もサービス業に当たります。しかし、介護サービスは、小売業のような「商業的な」サービスとは異なります。

月々、介護保険料と１～３割の利用者負担を支払っていることから、自分はサービスを買っている「顧客」だと考えている要援護者・その家族もいます。さらには、「顧客」なのだから、サービス提供者に自分の欲求に応えるよう求める権利があると考える人もいます。こうした考え違いから、要求をエスカレートさせ、暴言などのハラスメントが起きているのかもしれません。

考え違いは、正していく必要があります。

小売業や飲食業のサービスは、顧客の「欲求」＝ウォンツに応えて提供される「商売」です。これに対して、介護サービスは介護保険法に則り、「必要」＝ニードに基づいて提供される「専門的ケア」です。自分を「顧客」と考えている要援護者は、これを正しく理解していないことが考えられます。もしかすると、介護職等にも誤った認識を持っている人がいるかもしれません。

要援護者のニードへの対応は、アセスメントに基づいて決定します。介護職等は、要援護者に必要なサービスを提供するのであって、要援護者の要望に応えるためにサービスを提供しているのではありません。ですから、その対応は要援護者の「ウォンツ」に応えるものになるとは限りません。このことを、何よりまず介護職等自身が、しっかりと認識しておかなくてはなりません。その上で、要援護者等にも十分理解してもらう必要があります。

要援護者等が考え違いをしてしまうのは、契約時に要援護者等が十分理解できるまで、介護サービスの目的と役割について説明できていなかった可能性もあります。そうした反省に立って、要援護者等が理解できる丁寧な説明を心がけることも大切です。

また一方で、「顧客」という立場をとろうとする要援護者の中には、介護職等に自分の言うことを聞かせたいという支配欲を持つ人がいることも考えられます。支配欲の背後には、自信のなさや寂しさが隠れている場合があります。虚勢を張って自分を大きく見せたい。誰にも顧みてもらえず寂しいから、強く出て自分に注目してもらいたい。そんな思いがあるのかもしれません。

要援護者がそうした思いを持っている可能性は、想定しておく必要があります。しかし、すでに述べたように、そうした思いの解消について介護職等が過剰に責任を感じる必要はありません。共感を示しながら、一定の態度でサービス提供を行っていけばよいのです。

column

「怒り」との付き合い方

「感情労働」と呼ばれる対人援助職は、自分の感情をコントロールし、「怒り」のようなネガティブな感情を抑え込みがちです。しかし、「感情」に良い悪いはなく[32)]、また、どんな感情も心に湧き起こるのを避けることはできません。

起きた感情を否定し、抑え込むことを「抑圧」と言います。抑圧した感情は、いつかどこかで解放する必要があります。うまく解放できないと、思わぬ形で爆発してしまうことがありますから、「怒り」は小出しにしてため込まないことが一番です。

そもそも、怒りを含めたすべての感情は、「誰か」や「何か」によって引き起こされるのではありません。赤ちゃんの泣き声を「うるさい」と感じる人もいれば、「かわいい」と感じる人もいるように、感情は「誰か」や「何か」をきっかけに「自分自身が起こす」ものです[32)]。「あの人のせいで腹が立った」など、感じた「怒り」を誰かのせいにするのは適切ではないことを認識しておく必要があります。

また、怒りは二次感情と言われ、怒りを感じる前に「悲しい」「悔しい」「恥ずかしい」「驚いた」「困った」などの一次感情があるものです[32)]。しかし、多くの場合、一次感情はあまり意識されません。この一次感情をしっかりと意識することが、「怒り」と付き合う上では大切です。

例えば、ナースコールで駆けつけ、「遅い！」といきなり怒鳴られて腹が立ったとき。怒鳴られて「怖かった」、急いできたのに「悲しかった」など、怒鳴られて「腹が立つ」よりも前に感じた気持ちがあるはずです。「怒り」は抑え込んだり相手にぶつけたりするより、状況に応じ、この一次感情に基づいて伝えるほうが得策です[32)]。「なんでいきなり怒鳴るんですか！」と言うよりは、落ち着いた声で「いきなり怒鳴られて怖かったです」「急いできたのに怒鳴られて悲しかったです」と言う方が、相手は受け止めやすいことでしょう。

また、自分の中に怒りの感情が湧いたことを恥じたり否定したりしないことも大切です。心の中で何を感じ、どう思っても、それはその人の自由です。「怒り」を感じた自分を許してあげてください。その上で、前述のように一次感情にフォーカスしながら、必要に応じて適切に表現していけばいいのです。

怒りが大きすぎてうまく表現できないときは、「ここでは何も言わないでおこう」という選択をすることもできます。あるいは時間をおき、落ち着いてからから一次感情を伝える方法もあります。心がけてほしいのは、怒りを無意識のうちに「抑圧」するのをやめること。そして、その場では表現しないならしないことを自分で「選択」することです。激しい怒りも、６秒我慢すれば落ち着くと言われています。怒りに突き動かされそうになったときは、いったんその場を離れ、６秒間をやり過ごしましょう。

では、要援護者等から激しい怒りをぶつけられたときはどうすればよいでしょうか。介護職等には、怒りが静まるまで受け止め続ける人が少なくありません。しかし、それは必ずしも得策ではありません。怒りを受け止め続けると、相手に「私はいくらでも怒りを受け止めますよ」という誤ったメッセージを送ることになりかねません。また、怒っている人は自分の怒りが刺激となって感情が暴走し、止められなくなることもあります。その場合、留まって相手をすることが、怒りを長引かせることになります。

恐怖を感じるほどの怒りをぶつけられたときや、相手の怒りが収まらないときは、「お怒りは承知しましたが、動揺してしまって、今はきちんとお話を伺えそうにありません。また改めて伺わせてください」などと伝えていったん退席しましょう。ただ、対人援助職として、要援護者等の「一次感情」、つまり本当は何を感じ、どうしてほしかったのかを確認する必要があります。時間をおいて、あるいは日を改めて話を聞くようにしましょう。

(6)　生育環境に課題があった

世の中には様々な家庭があり、必ずしも両親が揃った愛情あふれる家庭ばかりではありません。必要なときに適切な愛情や保護を受けられずに育った場合、対人関係のあり方、人間関係の構築において影響が出ることは少なくありません。

例えば暴力。

「暴力は連鎖する」という指摘があります。暴力をふるう男性のほとんどが、同じように暴力をふるわれた体験をしていると言われています[33)]。そうした体験から、無意識のうちに暴力を「コミュニケーション手段の一つ」として身につけ、ストレス状況に置かれると言葉より先に手が出てしまうことがあるのです。

同じように、若い頃から女性を性の対象として接してきた男性には、いくつになっても女性を見ると性的な衝動を抑えられない人もいます。性的な逸脱行動はまた、ストレスの発散方法の一つであるとも言われています。

生育環境に課題を持つ要援護者等の言動を、介護職等の働きかけによって変えていくのはなかなか難しいかもしれません。しかし、不適切な行動パターンが、本人には避けようのない生育環境がもたらしたものだと理解していれば、ハラスメント行為の受け止め方が変わってくる場合もあることと思います。

(7)　もともと発達上の特性がある

最近、自閉症スペクトラム障がいや注意欠如・多動性障がいなど、発達上の特性のある人が増えているという指摘があります[34)]。

一方で、発達上の特性を持つ人たちは最近増えたわけではなく、これまで気づかれなかっただけではないかという意見もあります。

つまり、診断を受けて顕在化した人が増えただけで、未診断のまま成人となった人、高齢になった人も相当数いるのではないかということです。自閉症スペクトラム障がいのある人は、人口の1～2%を占めると言われています[34)]。担当している要援護者・その家族に、発達上の特性を持つ人がいても不思議はありません。

社会生活への適応に課題を持つ、発達「障がい」と呼ばれる人でなくても、知覚や感覚、物事の受け止め方に特性がある、発達「凸凹（でこぼこ）」と言える人は、相当に多いことが指摘されています[34)]。

そうした人の中には、行間を読むのが苦手で、物事を額面通りに受け取る傾向のある人もいます。例えば、「10時に訪問する」と言ったら、10時1分でも9時59分でも許せない。掃除をするなら、ピカピカになるまで磨き上げてもらわなくては気に入らない。そんな過剰と思える要求がある場合、発達特性がそうさせている可能性があります。本人にとってはそれが当たり前なのであり、ハラスメントをしているつもりはないでしょう。

そうした特性がある人には、最初から、「枠をしっかり示す」「できることとできないことを明確にし、曖昧な口当たりの良い言葉でごまかさない」ことが大切だとされています[34)]。

介護職等は支援の過程で、要援護者等の発達上の特性について何か感じることがあるかもしれません。それは、当然、口にすべきことではありませんし、「発達障がい」などのレッテルを貼ってその人を見るべきでもありません。大切なのは、その人の持つ特性を理解し、配慮した対応を考えていくことです。ただ、不適切な行為が要援護者等の発達上の特性から起きているとしても、その行為を受け入れることはできないことを、きちんと伝えていく必要があります。

(8) パーソナリティ障がいがある

パーソナリティ障がいとは、「偏った考え方や行動パターンのため、家庭生活や社会生活に支障をきたした状態」と言われています[35)]。自分に強いこだわりを持ち、傷つきやすいという特徴を持っています。そのため、「対等で信頼し合った人間関係を築くことの障がい」があると指摘されています[35)]。パーソナリティ障がいに該当する人は、アメリカでのデータになりますが、10～15%と推定されており、決して多くはありません[35)]。しかし、筆者がこれまで耳にしてきたハラスメント事例の中には、該当する可能性を感じたケースが複数ありました。

パーソナリティ障がいには10の類型がありますが、ハラスメントに関係すると考えられるのは、主に「境界性パーソナリティ障がい」と「自己愛性パーソナリティ障がい」です。

Ⅰ．過剰な好意的言動に気をつけたい「境界性パーソナリティ障がい」

「境界性パーソナリティ障がい」は、神経症レベルと精神病レベルのボーダーラインの状態であることから「ボーダー」とも呼ばれます。人から見捨てられることへの不安が強く、優しくしてくれる人を理想化し、しばしばしがみつくように執着することがあります。かと思えば、ささいなことから一転して執着していた人のことを「こんな人だと思わなかった」と突き放したりもします。感情のコントロールが苦手で、上機嫌だと思ったら、急に不機嫌になったりひどく落ち込んだりする姿もよく見受けられます。気分も人間関係も上がったり下がったり、非常に不安定なのが特徴です。その背景には、幼少時に親から適切な愛情や保護を受けていなかった経験などがあると言われています[35)]。

「境界性パーソナリティ障がい」がある人は、介護職等にも「いい人に担当してもらえてよかった」「あなただけが頼り」と言って、過剰なほどの好意を示してくることがあります。介護職等は頼られるとうれしく思うかもしれません。しかしそれが次第に度を超し、一日に何度も電話をしてくる、ささいなことで呼びつけるなど「もたれかかる」状態になることがあります。過剰な好意に安易に応えていると、このように依存を招いてしまうので注意が必要です。

「境界性パーソナリティ障がい」がある人に対しては、過剰な好意を示されても冷静に対応することが大切です。そして、相手の気分や態度が乱高下してもその荒波に巻き込まれず、一定の態度を保つことを心がけます。「ここまでなら対応できる」「これ以上は難しい」と、できる範囲を明確にすることも必要です。

最もよくないのは、最初受容的に受け止めていたのに過度な依存を重荷に感じ、途中で要求に応えるのをやめることです。ただでさえ傷つきやすい「境界性パーソナリティ障がい」がある人は「見捨てられた」と受け止め、大きなダメージを受けます。そして、執拗にクレームを言い続けたり、時には自分自身や相手を傷つける行動に出たりする可能性もあり得ます。過剰な好意を示す人には、支援当初から適切な距離のとり方を心がけていただきたいと思います。

Ⅱ．正面からの説得は避けたい「自己愛性パーソナリティ障がい」

「自己愛性パーソナリティ障がい」は、自分は特別な存在であり、常に賞賛されて当然だと考える強い自己愛と、それに反比例するかのような他者への共感性の低さが特徴です[35)]。実際、強い自己愛に見合う特別な才能を持つ人もいます。しかし、それも障がいを持つようになったり高齢になったりすることで輝きを失っていくのを避けられません。そうなると、実態に見合わない強い自己愛だけが残り、賞賛や特別扱いを常に求められる周囲は困惑することになります。

介護職等に対しても、昔の自慢話をして、特別扱いをしないことについての不満を訴えることがあります。他者への共感性の低さから、尊大な態度、乱暴な命令口調など、支援者に対する配慮が乏しい言動も目につくことでしょう。何をしても許されると思っているため、ハラスメントを起こしやすいとも言われています[35)]。

「自己愛性パーソナリティ障がい」がある人は、強い態度とは裏腹に内面は非常にもろいのも特徴です。批判や否定を受け止めるのが不得手なため、自分の考えや要望が受け入れてもらえないことを極端に嫌います。介護職等が要望に応えなかったり、意に沿わない支援をしたりすると、暴言や暴力があるかもしれません。また、痛みや不快感を我慢することも苦手なことから、施設などでは頻回なナースコールに悩まされることもありそうです。

批判を嫌う「自己愛性パーソナリティ障がい」がある人にハラスメント行為があったとき、正面から非を指摘し、改めるよう説得するのは非常に困難です。自分が否定されたと感じ、プライドを傷つけられたと激高するなど、態度を硬化させることが予想されるからです。対応は非常に難しいですが、自己愛の強さをうまく活用した対応を心がけます。

「いろいろなことをよくおわかりだから、きっとお察しくださると思いますが」「何でもできる方なので、きっとやっていただけると思うのですが」など、ほめ言葉を枕詞に、「お願いする」という姿勢の方が受け入れてもらいやすいと思います。

一度関係が悪化すると、なかなか修復が難しいのが「自己愛性パーソナリティ障がい」です。「もろい」部分を刺激しない言葉の選び方に注意が必要です。

第２節　介護家族の心理

(1)　介護のつらさ

介護家族は、介護を担うことになり、様々なつらさ、苦しさを抱えています。介護職等もそれはよく理解していると思いますが、ここで改めて、介護家族にどんな思いがあるかを考えてみます。

例えば、何かを諦め、自分の時間を割かなくてはならないという物理的な制約からくるつらさがあるかもしれません。在宅介護であれば、24時間気にかけていなくてはならないという精神的負担もあるでしょう。介護職等が生活空間に入ってくることも、やはり介護家族にとっては負担になります。施設入所中であれば、介護を手放したことに対する罪悪感を持つ人もいるでしょう。

認知症になった親が、自分の知る親とは違う人になったように感じることもつらい体験です。体は存在しているのに心理的には失ったように感じるこの体験は、「別れのない『さよなら』」と言われています[36)]。別れの儀式をすることができないまま「喪失感」だけを味わうことになり、なかなか気持ちに区切りをつけられません。認知症の診断、告知自体が、家族にとって心の傷になるほどの衝撃を与えることも指摘されています[37)]。

また、介護に時間をとられることで自分の人生が変わっていくと感じる人もいるでしょう。今、介護離職は社会的な問題になっており、介護に自分の人生が乗っ取られていくような思いを持つ介護家族は少なくないと思います。時には、この介護生活が早く終わってほしいと考え、終わる日は要援護者の死であることに思い至り、罪悪感を持つこともあります[38)]。

介護家族は、つらさ、苦しさなど複雑な思いを抱えながら介護を担っています。しかし、介護をしていると、そんな思いを分かち合う時間も相手もなかなか持てないものです。

誰とも分かち合えないつらさを、上手に自分の中で消化することができる人ばかりではありません。時には不適切な言葉や行為となって、介護職等に向けて吐き出されてしまうこともあり得ます。それは、介護家族が介護職等を信頼しているが故の「甘え」によって起こることもあるでしょう。

介護家族にとって、共に要援護者を支えてくれる介護職等は、「同志」とも言える存在です。介護職等が、時には愚痴を聞き、励まし、共に頑張って支えていこうと伝えることは、介護家族の大きな救いとなるはずです。

働きながら介護を担うビジネスケアラー、育児と介護を同時に担うダブルケアラー、そして幼くしてケアを担うヤングケアラーなど、介護家族が抱える様々な問題はようやく社会で認知されるようになってきました。介護家族が自分の人生に入り込んできた「介護」「ケア」と、どうバランスをとりながら自分の人生を生きていくのかを考えるのは、大事業です。その大事業に取り組む介護家族が過度な負担を抱え込み、「甘え」が不適切な形で表出されることにならないよう見守り、適切に支援するのは介護職等がなすべき重要な役割だと言えます。

しかし、介護職「個人」が過剰に介護家族に肩入れし、抱えるつらさを「自分が何とかしなくては」と考えるのは適切ではありません。介護家族もまた、支援ネットワークの中で支えていくべき存在です。例えば地域の介護家族の会など、適切な支援機関とつながれるよう、情報提供と橋渡しに努めていただきたいと思います。

(2) 要援護者との関係

介護家族と要援護者の関係では３つ、注意すべきケースがあります。一つは、介護家族が要援護者に対して否定的な感情を持っているケース。もう一つは、要援護者に対する愛情が非常に深いケース。そして、介護家族が要援護者から離れたいと思いながら離れることができないケースです。

否定的な感情を持っているケースは、例えば、虐待を受けて育った子が親を介護するようなケースです。顔も見たくないと思っていた親が、要介護状態になり、自分以外に介護するものがいない。そんな状況で介護を担うことになれば、積極的に介護に関わりたいという気持ちにはなかなかなれません。親に早く死んでほしいと願う介護家族もいます[27]。介護職等には、現実にそうした介護家族に接した経験がある人もいることでしょう。

それでも親の方は子を頼りにし、しがみついてくる。それを拒否できるほど非情ではない子は、やむを得ず介護に取り組むことになります。そこで感じるストレスは、相当なものでしょう。

虐待を受けた子にとって、どれほど憎む気持ちがあっても親は親です。愛情を与えてくれなかった親の人生が終わりに近づき、死ぬまでに詫びてほしい、自分のことを認め、愛してほしいという思いを抱き、介護を担っている人もいると言われています[27]。

そうした関係性の中で蓄積したストレスが、時には要援護者への虐待や、暴言や暴力など介護職等に対する不適切な行為となって現れる可能性もあります。

一方、要援護者に対する愛情が非常に深いケースも、対応に注意を要する場合があります。家族という親密な関係の中で行われる介護は、「親密性の罠」が起こるという指摘があります[39]。介護者が要介護者（要援護者）と一体化して「他者」と見なさなくなり、「ケアという関係を通じた要介護者への支配」が起こるというのです。そうなると、介護者には他者からの声が耳に入りにくくなります。批判的なことを言われると、いらだち、要介護者への虐待につながることもあると指摘されています[39]。

筆者は、同時に、これが介護職等への暴言や暴力などに転化されることもあるのではないかと考えます。例えば、介護職等が指示通りの介護をしないと腹を立て、強く抗議したり、責め立てたりするなどのケースです。

介護家族と要援護者との心理的な一体化から、介護家族が主体性をなくし、自分自身を見失ってしまうこともあります[39]。「一卵性親子」のようなその状態から、介護家族が自分で抜け出すことは困難です。そのため、介護家族が自分自身への配慮を思い出せるよう、介護職等が「介護者の苦労を認める承認を繰り返すことが必要」だとされています[39]。親密な関係から起きる、この「一体化」が起こらないよう未然に防ぐことが大切なのです。

もう一つ、介護家族が要援護者から離れたいと言いながらなかなか離れようとしないケースも、注意が必要です。アルコールやギャンブルへの依存があったり、生活力が低かったりする親を支え、尻拭いをしながら育ってきた子などに見られるケースです。

子はこんな親から離れたいと思いながら、しがみつかれ、「おまえがいないと生きていけない」と言われると、見限ることができません。それは非情になれないからばかりとは限りません。自分を必要とする親から離れたら、誰からも必要とされなくなってしまうのではないか。そんなふうに、自分の存在価値を見失う不安を感じている場合もあります。

これは共に依存し合うことで成り立ついびつな関係で、「共依存」と呼ばれます（コラム参照）。介護職等も、この関係に巻き込まれると、振り回され、疲弊してしまうことがあるので注意が必要です。

親子関係など家族の関係は、すでに述べたように、長い歴史の中で培われたバランスがあります。第三者である介護職等が、安易に介入して調整しようとするのは適切ではありません。介護職等は、難しい家族関係に巻き込まれないよう一定の距離を保ちながら、安定した態度でサービス提供を続けることに注力しましょう。

column

共依存とは

共依存は、アルコール依存症の治療の場から出てきた概念です[40)]。依存症の人が問題を起こしたとき、家族が後始末することによって、本人が無責任に問題を起こし続けられる環境が作られていく。そして、家族はアルコールをやめさせよう、問題を起こさせないようにしようと依存症の人の問題にとらわれ、自分のことを置き去りにする。気がつくと依存症の人は責任を肩代わりしてくれる家族に依存し、家族は依存症の人の問題に対処することに依存し、離れられなくなっている――これが共依存状態です。

支援の現場では、例えば、「自分の介護だけしていればいい」と家族を支配しようとする要援護者や、反対に「母は私がいないとダメだから」と、すべてを投げ打って介護をする子などが共依存状態にある可能性があります。

共依存の傾向がある人は、様々な手段を使い、人の行動や気持ち、状況などを「コントロール」し、自分の思い通りにしようとします[40)]。介護サービスの導入に拒否的な介護家族には、背景に共依存があるケースがあることも指摘されています[39)]。前述の通り、介護職等も、この関係に巻き込まれないよう注意が必要です。

また、対人援助関係では、援助職と要援護者との間で共依存が起きやすいと言われています[39)]。対人援助職を選んだ人には、もともと「人の役に立ちたい」と考えている人が多いものです。それはとても素晴らしいことですが、行きすぎると、「この人は私がいないとダメだから」と、「人の役に立つこと」「必要とされること」が目的化してしまうことがあります。そうなると、援助職が「必要とされることを必要とする」状態になり、要援護者の自立を阻む、共依存状態を生み出すこともあります。

共依存状態になると、介護職等が要援護者の問題に巻き込まれて行動や感情をコントロールされたり、要援護者が処理できない感情をぶつけられたりというハラスメントを受けることがあります。また反対に、献身的な支援に応えない要援護者に怒りを覚え、援助職が攻撃に転じる可能性もあります。つまり虐待です。

共依存はいびつな関係である上、心理的距離が非常に近くなるため、正常な感情のコントロールが難しくなり、危険です。共依存状態に陥らないよう、自分の支援を客観視し、「誰のため、何のための支援か」を振り返ることを忘れないようにしましょう。

(3)　介護に関わらない家族との関係

介護家族にとって、介護に関わらないのに、時折介入してくる家族、親族との関係はストレスになりやすいものです。介護職等にとっても難しい存在であり、介護職等は両者の間に巻き込まれないよう注意する必要があります。

主に介護を担っている介護家族は、望んで介護を担った人ばかりではありません。他に引き受け手がなく、やむなく自分が担っている。他の家族等から押しつけられた。そんなケースもしばしばあります。にもかかわらず、介護家族は他の家族等から感謝されているかというと、そうとばかりは言えません。たまにやってくる他の家族等からあれこれと難癖をつけられているのを、耳にしたことがある介護職等も多いことでしょう。

よくあるのは、要援護者の日頃の様子を見ていない家族が、要援護者への接し方や介護サービスの選択などについて口を挟んでくるケースです。介護家族にしてみれば、これだけでもいい気持ちはしません。それなのに、口ばかりで介護を担おうともしない家族のことを、要援護者が「ありがたい」と言う。その一方で、日頃介護を担っている自分のことを、「おまえは冷たい」と非難する。要援護者のそんな言動に、手をあげたくなるほどのストレスを受けたという例もあります[27)]。

介護は経済的問題も関わってきますが、介護に関わらない家族が、介護を担う家族に要援護者に係る費用をすべて押しつけているケースも少なくありません。口は挟むがお金は出さない。そんな家族等の存在は、介護家族には悩みの種となっていることでしょう。

介護職等がその思いには理解を示し、つらい気持ちに耳を傾けるなどの対応は、介護家族にとっての救いになるでしょう。とはいえ、繰り返しになりますが、介護職等は家族間の問題に、介入、調整すべきでありません。

直接介護にタッチしていない家族等には、主たる介護者の頭越しに、介護職等に要望を伝えてくる人もいます。それは多くの場合、主たる介護者とは異なる要望であり、間に入ることになった介護職等は困惑することになります。その際、双方の意見を聞き、調整に努めるケースを耳にすることがありますが、それは避けるべきです。

介護職等との窓口となる介護家族は一人にすることが原則です。そして、家族内で意見が異なる場合は、家族の間で調整してから連絡をしてほしいと、はっきりと伝える。そうした立場を明確にすることが必要でしょう。

第３節　個々人の特性への理解と配慮

(1)　職員の苦手なタイプを把握する

介護職等、対人援助の仕事への適性は、要援護者に「全人的」な関心を持ち、人の変容・成長を自身の喜びにできることだと言われています[40)]。しかし、そんな介護職等といえども、もちろん、どんな人とでもうまくやっていけるわけではありません。苦手なこと、苦手なタイプの人がいるのは当然のことです。

特に、生育歴の中で培われた「苦手」は、単なる好き嫌いとは異なるものであり、配慮が必要です。

例えば、怒りっぽい父親が、始終、家の中で大きな声で怒鳴ったり、家族を殴ったりするような家庭で育った場合。特に女性は、大きな声で怒鳴る男性や、男性が手を振り上げる仕草に怯えてしまうことがあります。無意識の反応で、また攻撃を受けるのではないかと身構えてしまうのです。

また、手をあげるようなことがなくても、一方的に怒鳴られたり、言い分も聞かれず、長時間、一方的に説教をされたりするような環境で育った場合。他者から何かを強く言われると、思考停止し、何も言えなくなることがあります。長年、「考えるな」「言うことを聞け」というメッセージを受け続けたことで、怒鳴られると頭も体も固まってしまうのです。

性的虐待を受けた経験から、男性が近づいたり、体に触れそうになったりするだけで恐怖を感じるという女性もいます。

管理者等には、単なる好き嫌いとは違う、職員のこうした「苦手」

の把握と適切な配慮が求められます。ただし、「苦手」になった背景について、本人が語ろうとしないのに詮索するのは禁物です。

苦手に徐々に慣れていく場合もありますが、無理強いしてはいけません。本人の希望を確認しながら、対応していきます。

生育歴に関係なく、人と人との関係では相性の良し悪しがあるものです。管理者等はそうしたことも把握し、考慮した上で職場運営をしていくことが必要です。

(2) 周囲の人や自分の性格、特性を考えてみる

対人援助の仕事に限らず、円滑な人間関係を築くには相手を知る必要があります。周囲の人たちがどのような性格、特性、「考え方のクセ」を持っているのかを知り、それに合わせた対応を考えていきます。ここでは「考え方のクセ」について見ておきましょう。

Ⅰ．白黒思考・0 ／ 100 思考

注意されたり批判されたりすると、強く反発して受け入れようとしない。あるいは、急に投げやりになる。周囲にそうした反応をする人はいないでしょうか。そういう人は、「注意、批判を受ける＝自分のすべてが否定されている」と感じている可能性があります。背景にあるのは、「白か黒か」「0 か 100 か」という極端な「考え方のクセ」です。そうしたクセがあると、「曖昧さ」を自分の中に抱えるのが苦手になりがちです。自尊心を「守る」か「手放す」か。そのどちらかしかないと考えてしまう。そのために、周囲から批判や注意を受けたり、自分とは違う意見を言われたりすると、極端な反応が出ることがあるのです。猛烈に反発する。反対に、「自分はダメだ」と自分自身を全否定してしまう。そんな反応です。

職員であれば、たった一度の叱責で自尊心が傷つき、ポッキリ心

が折れて「退職したい」と言い出すかもしれません。

要援護者等であれば、「自分なんか死んだ方がいいんだ」「もう自分の世話なんかしたくないんだろう」など、投げやりな言葉が出ることがあります。すべてを拒否して「死」を持ち出したり、異論や注意を「自分が」受け入れられない裏返しに、「相手が」自分を受け入れないかのように表現したりするのです。

要援護者の家族なら、「もう介護なんかやめてやる」「どうにでもなればいいんだ」と、介護を放り出そうとするかもしれません。

こうした傾向のある人には、その人のよいところ、頑張っているところ、評価できるところを日頃から言葉にして伝えることを意識します。注意する場合には、２つほめてから１つ注意するなど、自信を持てる言葉かけをしてから気になる点の改善を求めます。そうして、その人を「全否定」しているのではなく、「その部分だけ」を改めてもらうために伝えていることを理解してもらうのです。

Ⅱ．見捨てられ不安

過剰に相手の顔色をうかがうような態度をとる。反対に、わざと怒らせたり突き放したりするような態度をとって、それでも相手が離れていかないかを試す。周囲にそういう人がいる場合は、気をつけてサポートする必要があります。子どもの頃、心理的虐待やネグレクト（育児放棄）を受けるなど、親などの養育者と十分な愛着関係を築けていないと、他者の感情を敏感に察知し、それに応えようと努めるようになりやすいことが指摘されています[41]。前述の「境界性パーソナリティ障がい」に多い特性でもあります。支援の場面で、要援護者・その家族の意に沿うように対応してしまいがちな介護職等は、そうした背景を持っているのかもしれません。

心理的虐待やネグレクトのような経験は、「見捨てられ不安」を高めると言われています。「見捨てられ不安」とは、親しくなっても「今に嫌われる」と感じたり、機嫌が悪い人のそばにいると自分が怒らせたのではないかと心配したりするなど、人の感情や人との関係性に過剰に敏感で、不安を感じやすい心理です。

こうしたタイプの職員がいる場合は、職員自身がありのままの自分自身を受け入れ、自分に自信を持てるよう、サポートしていくことが望ましいでしょう。しかし、繰り返しになりますが、虐待体験等については、本人から話がない限り周囲が指摘したり、問いかけたりしてはいけません。

要援護者やその家族にこうしたタイプの人がいる場合は、安定した一定の距離感で接することです。依存させすぎず、しかし、ゆるぎなくそばにいてサポートする。そんな存在がそばにいることで、見捨てられるという不安は和らいでいくことと思います。

Ⅲ．べき思考

「こうするべきだ」「こうでなくてはいけない」と決めつける。「こうすべきなのになぜできないのか」と責め立てる。あるいは、自分自身にダメ出しをする。こうした言動の背後にあるのは「べき思考」と呼ばれる「考え方のクセ」です。

「べき思考」は、秩序を大切にする完璧主義の人に多い「考え方のクセ」です。このクセのおかげで物事の秩序が守られるというよい面もあります。しかし、「きちんとしたい」という気持ちが強すぎると融通が利かなくなってしまいます。周囲が窮屈に感じ、摩擦が生じたり、物事が滞ったりするようなら、「べき思考」を緩めてもらう必要があります。

例えば、「こうでなくては」と思い込んでいるとき、「こうではなかったらどうなる？」と投げかけます。「こうでなくては」という思い込みに従わなくても、致命的なダメージを受けたりしないと気づいてもらうのです。「こうあるべき」という強い思い込みは、簡単には緩まないかもしれません。それでも、折に触れてこうした問いかけを重ねることで、少しずつ緩んでいくものです。

「考え方のクセ」はほかにも「こうに違いない」と思い込むクセ、「いつもこうだ」とネガティブな出来事をすべてに当てはめて考えるクセなど、いろいろあります。

「考え方のクセ」はどれもそれ自体が悪いわけではありません。物事を円滑に進めるために働いていることもあれば、傷つきやすい心を守るために発動されている場合もあります。ただ、どのクセもそれが周囲とうまくいかない原因になっている場合には、修正していく方がよいでしょう。

「考え方のクセ」に気づければ、なぜその人は、あるいは自分は、物事をそう受け止めるのか、そう反応するのかを理解しやすくなります。自分自身であれば、「またクセを発動しているな」と認識することで、クセに振り回されにくくなります。

また、「考え方のクセ」に気づくのと同様に、自分の苦手なこと、デリケートな部分について、自分自身できちんと認識しておくことも大切です。どうしても苦手なことや、苦手なタイプとその理由を知っておけば管理者等に相談し、配慮してもらうこともできます。

人は人との関係の中でこそ、磨かれ、成長していくものです。対人援助職はそういう観点から見ると、日々、成長できる多くの機会に恵まれている仕事だと言えます。

同じことを言われても、Ａさんに言われると素直に聞けるのに、Ｂさんに言われるとどうしても反発してしまう。例えば、そんな傾向を自分で知り、その背景に何があるのかを考えてみる。そうして自己理解を深めることは、対人援助職としての、そして人としての成長につながっていくことでしょう。

第４節　その他のハラスメント発生原因

(1)　事業所の組織運営の問題

介護など対人援助の現場で、要援護者・その家族からのハラスメントが全く起きていないという事業所は、おそらくほとんどないことでしょう。対人援助をはじめ、人と人との関係では、個々人の認識や感性の違い、相性などによって、行き違いが生じるのは避けられません。ただ、その行き違いが、容認できないハラスメントにまで発展するのは、時として事業所の組織運営のあり方が関係している場合があります。

その場合、根底にあるのは、そもそも事業所としてのハラスメントに対する問題意識の乏しさです。「当事業所ではハラスメントの問題はない」と考えている事業所の中には、問題意識が乏しいために、発生しているハラスメントを把握できていないケースもあるのではないかと危惧します。

なぜ問題意識が乏しいのでしょうか。

その理由の一つとして、「要援護者を大切にする支援」についての誤った解釈の存在が考えられます。本来、「要援護者を大切にする支援」とは、“要援護者の望み”と“あるべき姿”のバランスをとりながら、本人がもともと持っている資源、能力を引き出す支援です。第２章で述べた「ストレングス視点」を土台とした「エンパワメントアプローチ」などが、これに当たります。

しかし今も、要援護者の望み、要求を聞き取り、ひたすらそれをかなえることが「要援護者を大切にする支援」だと、思い違いをしている事業所はないでしょうか。

そうした誤った支援姿勢は、時として要援護者の要求をエスカレートさせ、不適切な行為を引き出してしまうことがあります。また、「要求をかなえる」支援こそが要援護者を大切にすることだと考えている事業所は、改善を求めるべき不適切な行為があったとしても、それをハラスメントとして認識できない可能性があります。

問題意識の乏しさの理由として、もう一つ考えられるのは、第１章で述べた「介護職『あるべき』論」の存在です。「介護職等は要援護者のために自分を犠牲にしても要求に応えるべき」といった、自己犠牲的な考え方が支配する事業所では、ハラスメントがあってもそれを問題視しない可能性があります。むしろ、そうした事業所では、ハラスメントにも耐えてこそ対人援助職、という誤った方針に基づいた対応が、職員に求められることも考えられます。

そして、ハラスメントへの意識の乏しさの理由として、最も問題なのは、提供するケアについて語るべき理念を持っていないことです。理念なく、要援護者から求められるままにケアを提供している事業所では、不適切な要求をする要援護者と向き合うことを回避しがちです。ズルズルと要援護者・その家族からの要求を聞き入れることが常態化している事業所では、職員がハラスメントを受けていると認識しても、見て見ぬふりをすることがあるかもしれません。

問題意識が乏しい事業所では、当然ながら、ハラスメント対策が進みません。ハラスメントの問題が起きても直視せずそのまま放置すれば、職員にかかる負荷は次第に大きくなっていきます。自分を守ってくれない職場では、職員は働き続けることが難しくなります。人材が定着しない事業所は、職員を守る体制は十分整備されているか、組織のあり方を省みる必要があります。

(2) 管理者のマネジメントの問題

要援護者等からのハラスメントが大きな問題となるか否かは、管理者のマネジメントも大きく関わります。ハラスメントのようなストレスフルな体験は、体験自体から受けるストレスだけでなく、その体験に対処してもらえないストレスも大きいからです。

要援護者等からのハラスメントは、残念ながら完全な解決を図れないこともあります。それでも、被害職員のストレスを少しでも軽減するには、周囲の対応が重要です。ハラスメントを体験したつらい思いに周囲が共感を示す。管理者等が解決に向けて行為者に働きかけ続ける。そんな姿が、傷ついた心を軽くする場合もあるのです。

介護業界ではマネジメントが十分に機能していない、という指摘がしばしば聞かれます。介護業界には中堅・中小事業者が多く、十分なマネジメント研修を受けていない管理者も少なくありません。売上の管理に目が向きがちで、人事管理には自信がないという管理者もいるのではないでしょうか。また、介護職としてのスキルは高いものの、職員の教育や育成、組織運営は得意としない、専門職志向の管理者も介護業界には多いように思います。

マネジメントには、組織を社会に貢献させるために３つの役割があると言われています。「自らの組織に特有の使命を果たす」、「仕事を通じて働く人たちを生かす」、「自らの組織が社会に与える影響を処理するとともに、社会の問題の解決に貢献する」の３つです[19)]。ここではマネジメントについての詳しい説明は省きますが、これを「ハラスメント対策」という点から考えてみましょう。

職員から要援護者等によるハラスメント被害の訴えがあったとき、適切に対応しているでしょうか。仕事を通じて職員を生かすためには、安心・安全な就業環境の整備が必要です。これは翻って、「要援護者に対して適切な支援を提供する」という組織としての使命を果たすためでもあります。

職員からハラスメントの報告を受けたとき、管理者の初動でその後の展開は変わっていきます。問題が小さい段階で迅速に対応すれば、問題は小さいまま収束できる可能性があります。

しかし、問題を軽視したり、面倒を嫌って放置したりすれば、ハラスメントは組織全体での対応が必要な大きな問題に発展するかもしれません。その段階から対応を始めるのでは初動での対応より難易度が上がり、解決までの道のりもはるかに長くなります。

そもそも、ハラスメントへの対応以前に、管理者は職員の持つ能力や個性、考え方などを十分把握しているでしょうか。対人援助の場合、要援護者と介護職等との相性は非常に重要です。そうした点への配慮が欠けているために、ハラスメントが発生するケースもあります。逆に言えば、マネジメントが十分に機能していれば、ハラスメントの発生自体が低減される可能性があるのです。

ただし、管理者によるマネジメントは、管理者個人の裁量によるものではなく、事業所としての方針、組織運営のあり方が影響している場合が多々あります。事業所トップは、管理者に責任を求める前に、事業所としての姿勢をまず振り返ることが大切です。

これまで多くの人たちが声を上げてきたことで、介護現場のハラスメントを含むカスハラの存在が広く認知されるようになりました。介護をはじめとした対人援助の現場では、ハラスメントに限らず、まだ気づかれていない課題がたくさんあると思います。そうした課題について、声を上げ、上層部に、行政に、そして社会に訴えること。それもマネジメントの一つの役割であることを、管理者等には認識していただきたいと思います。

(3) 要援護者・家族への説明の問題

第１章で紹介したNCCUによる「ハラスメント調査」の結果では、介護職等をハラスメントから守るためには、「ご利用者・ご家族への啓発活動」が必要だとの回答が多数ありました。それはつまり、介護職等には、要援護者・その家族が支援の内容を十分理解していないという認識があるのだと考えられます。

この調査ではフリーアンサーでも、不適切なサービスの強要を訴える記述が多数見られました。要援護者等への説明が不十分であるために、支援の内容についての要援護者等の理解が深まらない。そのために不適切なサービスを強要してくる。そんな悪い流れが考えられます。ハラスメントが多い場合、支援内容についてどのように説明しているのか、要援護者等は十分理解できているのかを確認する必要があります。

(4) 職員の教育研修の問題

ハラスメントの原因として、介護職等のスキル不足が課題として挙げられることがあります。介護職等には、介護のスキルはもとより、接遇マナーや臨機応変な対応力、疾患の知識など、様々な知識やスキルが求められています。

すでに述べた通り、そうしたスキルが不足していることを、その介護職等の責任と考えるのは適切ではありません。求められているスキルに不足があるとすれば、まず、スキル習得に必要な教育研修の機会を事業所が十分に設けているかを検証することが大切です。

column

高齢者のセクシュアリティ

高齢になれば、様々な衝動は穏やかになり、性的にも枯れていくもの――高齢者のことを、世間ではそんなイメージで捉えがちです。しかし実際には「暴走老人」という言葉が生まれるなど、老いてなお衝動の激しい高齢者は少なくありません。

性的にも、実は 70 歳を過ぎても、男性の約 8 割、女性の約 3 割が、セックスに関心や願望を持っていることが指摘されており[42]、「枯れている」とは言いがたい実態があります。男性には、「コミュニケーションやスキンシップだけでは満足できない層が確実に存在する」[42] とも言われ、そうした性衝動が介護現場でのセクハラの一つの要因になっていると思われます。

そうした性衝動も介護などの現場で大切にされている「その人らしさ」に含まれているとしたら、それをすべて否定したり、押さえ込んだりすることはできません。その衝動は介護職等へのセクハラなどではなく、適切な形で発散される必要があります。

同性介助によって、そうした性衝動への対処について、ざっくばらんに話ができるといいのかもしれません。障がいのある若い男性などは、自費でホームヘルパーにソープランドへの送迎を依頼するケースもあると聞きます。高齢者も、そうした対応を望んではいけない、ということはないはずです。

一方、認知症がある男性によるセクハラについては、好感を抱いた相手との関わりを求める行為だという指摘があります[43]。「自分を認めてほしい」「人間的な温もりのある関係がほしい」等のメッセージの場合が多いというのです。

また、ある男性介護職員は、認知機能の低下によって女性の介護職員に「お風呂に行きましょう」と言われて服を脱がされたら、「誘われている」と勘違いすることもあるのではないかと言います。本当は 80 歳なのに自分はまだ 20 代だと思っているとしたら、隣に座った若い女性の介護職員に笑顔で話しかけられたとき、ついスキンシップをとりたくなってしまうかもしれない。自分が80歳になったときに、そういう勘違いを絶対にしないとは言い切れない、と語っていました。

もちろん、だからセクハラを容認せよ、ということではありません。女性を性の道具のように考えることは許されません。ただ、そうした理解によって、セクハラの見え方は少し変わってくるかもしれないと思うのです。

また、前述の通り、70歳を過ぎた女性も、約3割がセックスに関心を持っています。女性高齢者から男性介護職へのセクハラの存在も指摘されています[42)]。女性以上に被害を言い出しにくい男性介護職へのケアも、女性介護職同様、忘れてはなりません。

さらに言えば、介護施設での高齢者同士の恋愛とセックスをどう考えるかという問題もあります。長い「老後」を生きなくてはならない現代、介護職等は、高齢者のセクシュアリティの問題にもそろそろ正面から向き合ってみるべきではないでしょうか。

(5)　他機関との連携の問題

要援護者の支援には、複数の機関が関わることが多々あります。介護保険サービスの訪問介護などでは、複数の事業所が違う曜日に同じ高齢者の家庭を訪問する場合もあります。また、一つの事業所から別の事業所にサービスが引き継がれることもあります。

その際、ハラスメントなどのトラブルがあったにもかかわらず、その情報が次に担当する事業所に引き継がれないとどうなるでしょうか。トラブルについての情報を知らないまま担当することになった事業所は、事前に予防策を講じることができず、そこでまた新たなハラスメントが発生してしまうこともあります。支援機関同士の情報共有ができていないことが、ハラスメントを発生させる要因となる場合があるのです。よりよい支援をするためにも、職員を守るためにも、支援機関同士の連携は密にすることが大切です。

ただし、ハラスメントについて情報を共有する際には、個人情報の保護についての配慮が必要です。事業所間の引き継ぎや「地域ケア会議」※などでの検討の際には、十分注意しましょう。詳しくは次のコラムを参照してください。

※　地域ケア会議[48]……地域包括支援センターまたは市町村が主催する会議。要援護者の支援内容の検討、地域包括支援ネットワークの構築、自立支援に資するケアマネジメント支援、地域課題の把握などの機能を持つ。参加者は、行政職員、地域包括支援センター職員、ケアマネジャー、介護サービス事業者、保健医療関係者、民生委員、住民組織、本人・家族等。

column

個人情報保護の問題について

要援護者を支援していく上で、支援関係者同士で情報を共有し、よりよい支援を考えていくことはとても大切です。ハラスメント行為がある場合も、情報共有によって一事業所だけでは把握しきれなかった様々な事実がわかり、対処方法を検討しやすくなることもあります。

ただし、要援護者・その家族についての情報共有の際には、「個人情報の保護に関する法律」（以下、個人情報保護法）に基づき、十分配慮する必要があります。これについて、海野宏行弁護士は次のように説明します。

「個人情報保護法により、個人データの第三者提供は、原則として本人の同意なしにはできません（個人情報保護法 27 条 1 項柱書）。そのため、契約の段階で本人に同意を得ておく必要があります。契約書とは別に、提供目的、提供する者の範囲、提供する条件等を明記した個人情報使用同意書を用意し、署名捺印をもらっておくとよいでしょう」

一方で、そのような同意を得ていない場合、ハラスメント行為がある要援護者等の情報を他の事業所と共有することについて、本人の同意を得るのが難しいことも多いと思います。これについて海野弁護士は、本人の同意が不要とされる例外要件を理解しておいてほしいと言います。

「この例外要件とは、『人の生命、身体又は財産の保護のために必要がある場合であって、本人の同意を得ることが困難であるとき』（個人情報保護法27条１項２号）および『事業の承継に伴って個人データが提供される場合』（同法同条５項２号）には本人の同意が不要になるということです。ただし、要件を充足していると第三者が判断できるよう、詳細に記録を残しておくことも大切です」

要援護者等の個人情報保護については、誤って漏洩することがないよう注意することも重要です。要援護者等の個人名がわかる形でメールやファクスを送信しないのは当然のことですが、誤送信やUSBメモリ等の記録媒体の紛失にも注意が必要です。ヒューマンエラーがあることを前提に、送信時にはダブルチェックを必須とする、記録媒体は事業所から持ち出さないなど、個人情報の取り扱いには十分に気をつけたいものです。

第５章
「芽」で摘む
ハラスメントの事前対策

ここから具体的なハラスメント対策の考え方、あり方について考えます。ハラスメントは、発生してからでは対応が難しいケースが多いものです。そのため、できる限り発生する前に「芽」の段階で摘んでおくことが重要です。この章では、なすべき事前対策について、厚生労働省の「介護現場におけるハラスメント対策マニュアル」を踏まえ、取り組み事例も紹介しつつ、説明します。

第１節　事業所の組織としての事前対策

(1)　基本方針の決定

介護現場で、介護職等が利用者（要援護者）やその家族からどのようなハラスメントを受けているかは、第１章でNCCUによる「ハラスメント調査」を通して見てきました。では、こうしたハラスメントに、事業所としてどのように対応すればよいでしょうか。

まずは、事業所としての基本方針を決める必要があります。これは事業所理念とも大きく関わる方針です。

2022年３月に改訂された厚生労働省の「対策マニュアル」には、ハラスメント対策の基本的な考え方として、まず「組織的・総合的にハラスメント対策を行うこと」と書かれています[1)]。事業所の上層部は、このことを改めて認識していただきたいと思います。

「対策マニュアル」にはさらに「ハラスメントは介護現場における職員への権利侵害と認識すること」とあります。今、カスハラが多くの業界でようやく注目を集め、東京都の条例制定なども含め、職員を権利侵害から守ろうという組織的な動きが高まっています。しかし、ただその流れに乗るのではなく、なぜ事業所としてハラスメント対策に取り組むのかを、改めて考えてみていただきたいと思います。漫然とハラスメント対策に取り組んでも、効果的に機能するとは思えません。介護福祉人材不足の今、ハラスメント対策は離職防止のための対策の一つにもなっています。しかし、なぜ離職する職員が出るのか、根本的な原因を考えずにハラスメント対策だけを講じても、やはり望む成果は得られないでしょう。

ハラスメントをはじめとした、職員に対するストレスフルな事案の発生を事業所としてどう捉えているのか。これまでそうした事案に遭遇した職員にきちんと目を向けてきたか。職員は今、安心・安全な環境で働けているのか。そうでないのであれば、なぜ安心・安全な環境となっていないのか。職員に対して、事業所は今後、どのような立場をとろうとしているのか——基本方針は、こうしたことを十分に検討した結果、産み落とされるべきものです。

事業所は、ハラスメント対策において、事業運営への影響、売上への影響ではなく、職員にこそ目を向けることが必要です。介護福祉事業にとって一番の財産は人材です。介護福祉人材不足の今、職員を大切にしない事業所に未来はないと言ってもいいでしょう。

ハラスメント対策で事業所に求められているのは、「何としても職員を守っていく」という姿勢です。そして、基本方針はその意思表明であるべきです。事業所として職員を守る意思がないのに、言葉だけを整えても意味はありません。基本方針は、本気で実践していくという覚悟を持って定め、その強い意志と共に職員に周知します。そして、基本方針に基づいて組織を整え、具体的なハラスメント対策を策定していきます。

NCCUの「ハラスメント調査」では、ハラスメントを受けても相談しなかった人が約23%、相談しても変わらなかったと答えた人が約43%いました。実際のところ、利用者やその家族からのハラスメントをなくすのは容易ではありません。しかし、相談できない、相談しても変わらないという介護職等の声を、限りなく０に近づけていくことはできるはずです。

ハラスメントには毅然として対応していく姿勢を、基本方針で職員全員に示し、徹底する。そうすることで、相談できる職場、相談すれば対応する職場であることを示すのです。併せて、要援護者・その家族にも、基本方針を契約時等にきちんと伝え、ハラスメントの発生の防止に努めます。

column

職員同士も利用者とも地域住民とも、恵み、助け合う 社会福祉法人こうほうえんの「互恵互助」

事業所の理念や目標、基本方針は、定めただけで定着したり、達成できたりするものではありません。地道に繰り返し伝えていくことによって定着し、その理念や方針は次第に職員が何かのときに立ち返る拠り所となります。そして、理念に基づいた方針を、わかりやすい形で実践していくことも大切です。

社会福祉法人こうほうえん（鳥取県境港市）では、法人理念に加え、法人の精神を表す言葉として「互恵互助（ごけいごじょ）」を掲げました。これは同法人による造語で、「互いに助け合い、恵み合う」という意味です。利用者には権利と義務がある。同じように職員にも権利と義務がある。お互いの権利と義務を認め合い、尊重し合うことが大切だという、法人としての考えを表した言葉です。

同法人では、この言葉を含め、法人として大切にしている価値観や理念、目標等をまとめた冊子を 2006 年に作成。全職員に配付しました。そして、毎日、冊子の中の１項目を各職場で読み上げることにしています。そうすることで、全職員での価値観の共有、浸透に努めているのです。

同法人が大切にしているのは、地域に開かれ、地域に愛され、地域に信頼される存在であることです。そのために、職員には利用者や地域住民を大切にするよう求めています。しかし、それだけではありません。「互恵互助」という言葉の通り、利用者に対しても職員に思いやりを持ってほしいと伝えているのです。

具体的には、重要事項説明書に右記の通り「利用者の皆様へお約束とお願い」というページを設けました。そして、利用者が「人として尊重され、よりよい信頼関係のもとに安心して過ごすことができるよう」、５つの約束を掲げています。併せて、「職員は法人の財産」であり、行きすぎた要求には対応できないこと、職員に思いやりを持って接してほしいことなどを含む、５つのお

利用者の皆様へ

お約束とお願い

社会福祉法人こうほうえんの職員は、利用者の皆様がこうほうえんでの保健・医療・福祉サービスにおいて人として尊重され、よりよい信頼関係のもとに安心して過ごすことができるよう、利用者の皆様へお約束とお願いをいたします。

お約束

1　利用者の皆様は、いかなる状況にあっても人格的に尊重されます。
2　利用者の皆様は、個々に応じたケア・治療・保育・障がい支援などのサービスを受けることができます。
3　利用者の皆様は、正しい情報を得ることができ、各種サービスを選ぶことができます。
4　利用者の皆様の個人情報を保護し、プライバシーを尊重します。
5　利用者の皆様は、人種・信条・性別・社会的身分等によって差別されることなくサービスを受けることができます。利用者の皆様は、意向に沿ったサービス計画の作成に参加することができます。
　なお、以上のお約束に反する職員がおりましたら、遠慮なくお申し出ください。

お願い

1　サービス提供においては全ての職員が誠心誠意対応しますが、それを超えた要求に関しては対応しかねることがあります。
2　こうほうえんの職員は法人の財産です。職員に対しても思いやりを持って接していただきますようお願いいたします。
3　施設には多数の利用者がおられますので、共に安心して過ごせる環境づくりにご協力ください。
4　訪問・面会・お見舞い等に際しては、他の利用者の皆様にご迷惑がかからないようにお願いいたします。
5　暴力行為・暴言・誹謗中傷・過度の飲酒等、目に余る行動をされた方には、退所またはサービス提供のお断りをお願いすることがあります。

注：「利用者の皆様」とは、施設では「利用者および家族」、病院では「患者および家族」、保育園では「園児および保護者」のことを言います。

社会福祉法人　こうほうえん

願いも併記しました。

　この「お願い」を、普段、利用者に対して声高に言うことはありません。長年培ってきた、利用者の思いを大切にしたいという方針が第一だからです。しかし、「互恵互助」に裏付けられたこの「お願い」があることによって、職員は法人に守られていることを感じます。それが、利用者に対するよいサービスの提供につながっていくのです。

同法人では、一度退職した職員が戻ってきて再就職するケースがしばしばあります。そうした職員からは、一度離れてみて、自分たち職員がいかに法人に守られていたかがよくわかった、という声が聞かれるそうです。「互恵互助」の精神が、職員と利用者の間に確実に息づいている。それが、外から見ることで、より強く感じられたということでしょう。

【社会福祉法人こうほうえん】

1986 年設立。法人本部のある鳥取県境港市、米子市、鳥取市、東京都などで、特別養護老人ホーム、デイサービスなどの介護施設、保育園、病院、障がい者施設などを運営。また、地域社会に奉仕する社会福祉法人として、小、中、高校生への学習支援や、障がい者や触法者、引きこもりの人など、地域で困っている人を法律制度にかかわらず支える地域総合支援にも取り組んでいる。

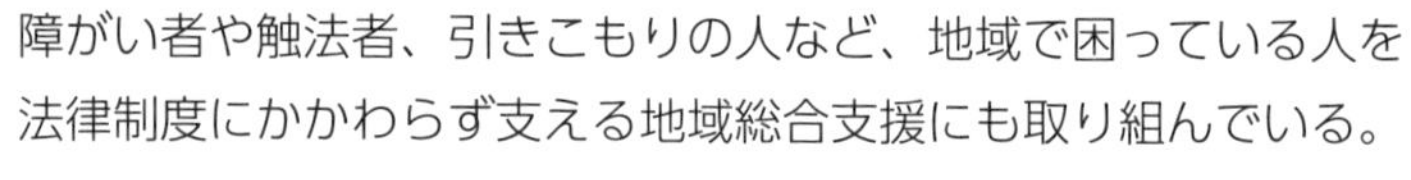

⑵ 風通しのよい組織風土づくり

事業所としての基本方針を定めたら、それに基づいて対策を講じていくことになります。その具体的な内容としては、ハラスメント対応の体制整備、相談窓口の設置、対応フローの作成、研修の実施などをイメージするかもしれません。それも大切なことです（これらについては後述します）。しかし、最も大切にし、意識していただきたいのは、ハラスメントを受けた職員がすぐに相談できる、相談したら対応してもらえる、風通しのよい組織風土づくりです。

筆者が過去取材した事業所で、利用者等からのハラスメントが全く起きていない事業所はありません。しかし、ハラスメントが発生しても、それが大きな問題に発展しない事業所は多数あります。そうした事業所は例外なく、事業所内のコミュニケーションがとれている、風通しのよい組織風土を持っています。

NCCU の「ハラスメント調査」では、ハラスメントを受けても誰にも相談しなかった理由として、最も多かったのは「相談しても解決しないと思ったから」でした。そして解決しないと考えた理由としては、上司や管理者への不信感や、過去相談しても解決したことがないための諦めなどが挙げられていました。

ハラスメントを受けたとき、日頃から職員同士が密にコミュニケーションを図っている、他者に対して受容的な職場であれば、まずは誰かに相談してみようと考えるのではないでしょうか。相談すれば、ハラスメントを受けてつらかった思いを受け止めてもらえる。力になってもらえる。日頃の経験から、相談することについて、そんなポジティブなイメージを持てるからです。

しかし、普段からコミュニケーション量が乏しく、他者に対する批判的なやりとりが多い職場では、相談することについてなかなかポジティブなイメージを持てません。ハラスメントを受けたと言ったら、「あなたのケアの仕方が悪かったんじゃないの」と、責められるのではないか。「それぐらいのことで大げさな」と、聞き流されてしまうのではないか。そんな考えが浮かんだら、誰かに相談するより我慢した方がいい、と考えてもおかしくはないでしょう。

誰にも相談できない、相談しても対応してもらえない職場では、職員は自分で自分を守るしかありません。職員それぞれが自分を守ることに精一杯になっていけば、職場は他者に対する気遣いの乏しい、殺伐とした雰囲気に支配されます。

そんな環境の中で働いていれば、次第に疲弊し、いずれは自分で自分を守り切れない日がやってくるかもしれません。介護労働安定センターによる「令和５年度介護労働実態調査」の「直前職（介護関係の仕事）をやめた理由」では、「職場の人間関係に問題があったため」という回答が34.3％と最も多くなっています[44]。職場の居心地の悪さは、そうして離職という形で現れることもあります。あるいは、他者への攻撃となり、職場内でのハラスメントや要援護者に対する虐待という形で現れる可能性も否定できません。

人は、対人ストレスを受けても、相談を持ちかけた身近な人に、期待通りに思いを受け止めてもらえると、気持ちを立て直すことができることが明らかになっています[45]。また、対人ストレス解消に役立つ情報を求めて相談し、ほしい情報が得られれば、問題解決への意欲が高まることが示唆されています[45]。

身近な他者に気軽に相談できる風通しのよい組織風土づくりは、ハラスメント問題の解決に役立つだけではありません。就業継続にも貢献すると考えられます。

また、密なコミュニケーションが必要なのは、要援護者を直接支援する職員と管理者の関係だけではありません。管理者と本部職員の関係も同様です。後述しますが、ハラスメント対応で矢面に立つ管理者には大きな負荷がかかります。現場の管理者に任せきりにしていては、管理者のストレスが過大になることも十分考えられます。組織内の縦、横、様々な関係において、互いを大切に思い合うサポーティブな関係、そして組織風土づくりは非常に重要なのです。

職員自身がまず事業所に守られ、大切にされることで、職員は要援護者・その家族を大切にする気持ちを強く持つことができます。ハラスメント対策では、まず、足下の組織風土づくりにしっかり目を向け、取り組んでいただきたいと思います。

column

管理者をチームで支える（株）ウメザワの管理者連携会議

介護事業所の中でも、特に在宅の介護事業所は各地に拠点があり、意識して連携をとらないと横のつながりを持ちにくいものです。拠点を任されている管理者は、拠点内での出来事への適切な対処が求められます。しかし、小さな拠点ほど責任が集中し、ハラスメント問題などでも、相談相手のいない孤独な立場になりやすいとも言えます。そのために、管理者が疲弊してしまったり、不適切な対応が見過ごされてしまったりする恐れもあります。

そんな管理者を支えるための体制を整えているのが、株式会社ウメザワ（東京都江戸川区）です。同社では、法人としての方針を決める本社「統括部」のもとに、管理者の連携会議を置いています。これは、小規模多機能型居宅介護、訪問介護、訪問看護など、８拠点から８人の管理者が毎週１回集まり、その週の予定や職員についての情報を共有するというものです。始業前の午前８～９時の１時間、毎週、ビデオ会議システムを活用し、オンラインで開催しています。

また同社では、これとは別に月１回、マネジメントをテーマとした管理者研修を集合形式で実施しています。管理者が交代で講師をしたり、社長が講義をしたり、チームビルディングのあり方など、管理者ならではの悩みに応える内容です。

研修では、必ずグループワークを行い、チームでディスカッションした内容を発表します。その過程では、互いの人となりに触れることになり、悩んでいるのは自分だけではないと感じる機会ともなっています。

８人の管理者は、手がけるサービスは違っても同じ立場にあり、抱える悩みにも共通する部分があります。関係が近すぎないことから、かえって相談がしやすい、答えやすいという面もあります。管理者同士が相談しやすい関係、環境をつくる――会議や研修の開催には、単に情報共有やチームビルディングを学ぶためだけでなく、そんな意図もあるのです。

法人が管理者を守れば、管理者は職員を守れます。職員が守られていれば、職員は利用者を守れます。だからこそ同社は、管理者を守る仕組みを最優先に考えているのです。

管理者は職員を見守り、支え、育てる立場にありますが、職員の意識は人それぞれで、成長のペースもまた職員によって異なります。なかなか介護職としての意識が育たず、ゆっくりと成長している職員に、管理者が法人の方針を伝え、よりよいサービス提供を求めて働きかけてもうまく伝わらないこともあります。

個々の職員の状況を見ながら、管理者はそれぞれに合わせたサポートをしていく必要があります。とはいえ、管理者は、職員を育てていく責任を一人で背負うのは荷が重いと感じることもあるでしょう。同社では、だからこそ本社と管理者、そして管理者同士の連携が大切だと考えているのです。

【株式会社ウメザワ】

1976年設立。東京都江戸川区で、学習塾などの教育事業や、訪問介護、小規模多機能型居宅介護、訪問看護、地域包括支援センター、障がい福祉サービスなどを運営。そのほか、認知症の行方不明者ゼロを目指し、独自開発のアプリによる行方不明者発見サービス（関連法人が運営）や、地域の居場所・何でも相談の場「なごみの家」（委託事業）の運営なども手がけ、安心して暮らせる地域づくりに取り組んでいる。

(3)　事前予防策の周知

事業所は、要援護者・その家族からのハラスメントを防止する具体的な対策について検討し、職員に周知する必要があります。

ハラスメントは、一つとして同じ事案はなく、介護などの現場で要援護者等と相対するとき、誰に対しても共通してできる具体的な事前予防策は多くありません。基本的に事前予防策は、各事業所、各サービス、各職場・職員の状況に応じ、個々の要援護者のアセスメントに基づいて検討すべきものです。各職場で検討し、共有するようにしましょう。

ここでは、ハラスメントリスクが高い要援護者等を支援する場合の備えとして考えられる、基本的な対策を挙げてみます。

【訪問系サービス】

- 脱ぎ履きしやすい靴で訪問する
- 自転車、車などで訪問先に行くのであれば、何かあったときすぐに出発できる向きに自転車、車を停めておく
- 訪問した先では、いざというときの退路を頭に入れておく
- 体を寄せる必要があるときには、できるだけ退路の側に自分の体を置くようにする
- 飲食物を提供されても、「事務所の方針でいただけません。お気持ちだけありがたくいただきます」と伝えて、口にしない（薬物混入の例もある）
- 訪問時に、在宅している家族について確認しておく（不在と考えていた家族からのハラスメントの例もある）
- 防犯ブザーを携帯し、身の危険を感じたときにはブザーを鳴らして、相手に向かって投げ、急いで外に出る
- 身体的暴力のリスクが高い要援護者の場合、２人体制での訪問とする。また、交番、コンビニなど、万一暴力を受けたときに助けを求められるところがあるか、あらかじめ確認しておく

- 女性へのセクハラ行為のリスクがある男性要援護者は、男性職員での訪問、または２人体制での訪問とする。２人訪問の場合、１人は事務職員でもよい
- ハラスメントリスクが非常に高い要援護者を訪問する際、訪問直前に事業所から職員の携帯電話に電話し、ずっと通話状態のままで支援。何かあったときにすぐ気づいて対応できるよう、事業所では在席職員がハンズフリーで音声を聞いておく

【施設系サービス】

- ハラスメントリスクのある要援護者については、心身状態について、毎回必ず丁寧に申し送りをする
- ハラスメントリスクのある要援護者に対応する際は、スマートフォン、インカムなど、施設内の連絡ツールをすぐに使える状態にして訪室する
- 身体的暴力のリスクがある要援護者は、男性職員中心の２人対応とする
- 女性へのセクハラ行為のリスクがある男性要援護者は、男性職員が対応する

ハラスメント対応では、毅然とした態度をとれる職員、強い精神を持つ職員に、つい頼りがちになります。しかし、どれほど強い精神を持つ職員であっても、長くハラスメントにさらされれば、かかる負荷は大きくなります。そして、そうした職員ほど、弱音を吐かず頑張りすぎる恐れがあります。ですから、ハラスメント行為があって改善が望めない要援護者には、複数の職員が関わり、特定の職員に過度の負担がかからない体制を整えることが必要です。

その他、職員に周知すべき事前対策については、本章第４節の研修の内容などを参考に、検討していただければと思います。

(4) 対応フローの作成

介護事故やクレーム対応と同様に、ハラスメントも発生に備えて対応フローを作成しておくことは大切です。発生してから、慌ててどのような手順で対応すべきかを考えていては、後手に回って問題を拡大してしまう恐れがあります。

対応フローでは、ハラスメントを受けた職員、管理者、本部職員など、立場ごとの対応を定めます。ハラスメントへの事後対応については第６章で改めて触れますので、対応フロー作成の参考にしていただければと思います。ここでは、在宅サービスを想定した対応フローを考える上でのポイントについて伝えます。

【ハラスメントを受けた職員の対応のポイント】

- ハラスメント行為者の手が届かない距離まで離れる
- 感情的にならない
- 冷静に落ち着いた声で、ハラスメント行為をやめるよう伝える
- 身の危険を感じたら、サービスを中止してその場を離れる
- けがをした場合の受診は健康保険ではなく労災保険扱いとする
- 事業所に戻ったら上長に報告し、客観的、具体的な情報を記録する

【管理者の対応のポイント】

- サービスを中止して避難すべきかどうかを判断
- けがをしている場合は、労災保険での受診を指示
- 被害職員の気持ちに配慮し、心身をフォロー
- ハラスメント行為者への事実確認
- 必要に応じて、本部・経営陣等への報告・相談
- ハラスメント行為者との話し合い
- 被害職員の勤務調整
- ハラスメント対応をすべて記録
- ハラスメント事案の振り返りと評価

【事業所本部職員・経営陣の対応】

- 管理者のハラスメント行為者への対応等をサポート
- 管理者の負担に応じて介入、あるいは本部への引き上げ
- 行政・警察への報告について判断
- 代替職員の派遣
- ハラスメント事案の振り返り・評価
- ハラスメント事案としての記録

対応フローを作成後は、職員で共有するため、後述するマニュアルにまとめます。対応フローやマニュアルは、ハラスメント事案が発生し、実際に対処したあと、不備な点を検証します。そしてブラッシュアップを重ねて実効性のあるものにしていきます。

(5) 相談窓口の設置

事業所内の相談窓口は、厚生労働省の「対策マニュアル」でも設置を求めており、重要なハラスメント対策です[1)]。設置する際、大切なのは、相談ルートを2つ以上設けることです。職員が相談しやすい方法を選んで相談できるようにするためです。

直属の上司との相性が悪く、相談ができないケースもあります。あるいは、相談したにもかかわらず、上司が十分に対応しないままうやむやになってしまうケースもあります。それではハラスメントを受けている職員には、解決のすべがありません。

そうならないよう、相談窓口として、直属の上司以外にもう一人、別の担当者を指名する、あるいは、本部に直接相談できるルートを設けるなどの対応をとります。小規模な訪問介護事業所であれば、担当のサービス提供責任者だけでなく、他のサービス提供責任者でも話しやすい人に相談してよい、などの体制にしておくと、職員は自分と相性のいい職員を選んで相談することができます。

また、本部への直接相談のルートは、電話だけでなくメールでの相談もできるようにしておくと、勤務時間が不規則になりがちな介護職等も相談しやすくなります。

「ハラスメントと言っていいかわからない」と迷うことでも気軽に相談できる窓口を設けて、それを周知しておくことが大切です。繰り返しになりますが、ハラスメントかどうかは重要ではありません。職員が「相談にのってほしい」と感じた問題には、すべて対応が必要なのです。

また、相談を受ける際、どこで話を聞くかも重要なポイントになります。特にセクハラ事案の場合、他の職員に聞かれず、同性の担当者に安心して話ができる場を設ける必要があります。小規模事業所でそうした場の確保が難しい場合は、他の職員の出勤前の時間帯や、退勤後の時間帯に話を聞くなどの方法があります。心身にダメージを負った職員がそれ以上傷つくことがないようプライバシーに配慮し、安心・安全に話ができる場を設けましょう。

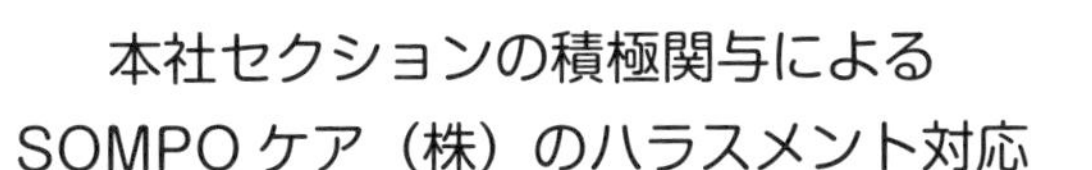

本社セクションの積極関与による SOMPO ケア（株）のハラスメント対応

SOMPO ケア株式会社（本社・東京都品川区）では、現場だけでは解決が難しい、介護サービスの利用者やその家族によるハラスメント行為への対応に特徴があります。

それは、本社に、ハラスメント行為に医療面から改善の方法を探るセクションと、ハラスメントのある利用者、家族に対する直接的な働きかけによって改善・解消を目指すセクションという、2 つの専門セクションを備えていることです。

通常、ハラスメントを受けた職員は、まず「毅然とした態度で遮る（さえぎる）」ことを基本とし、「いつ、どこで、何をしているときに、どのようなな内容のハラスメントを受けたか」を管理者に報告、相談します。管理者は、職員の精神的フォローを行うとともに、職員とハラスメント行為者の双方に事実確認した上で、行為者に毅然とした態度で改善を求める等の申し入れを行います。

それでも行為が解消されない、あるいは深刻な内容の場合には、前述の２つの本社専門セクション（内容により両方）に報告・相談を行うこととしています。報告・相談を受けた本社の２つの専門セクションは、行為の状況、原因を確認し、連携して対応を行います。

行為に対し、医療面から改善を図るセクションでは、主治医とも連携をとりながらアプローチします。医療面では改善が難しいケースについては、もう一方のセクションが行為者との直接の対話によって改善を図ります。深刻なケースなどについては、退居を申し入れるなど、契約解除の可能性も視野に入れながら対応することになります。

ハラスメントが原因で、退居など契約解除に至るケースは多くありません。しかし、職員や他の入居者に危害を加えるなど、非常に深刻、かつ改善が望めないケースには、毅然としたスタンスで対応します。この場合、ハラスメントに遭った職員や管理者、行為者本人等から事実関係を丁寧に聞き取ります。そして、個々のケースの状況に応じ、改善の申し入れを行った上で、それでも改善が見られない場合に、やむを得ず契約解除の検討を行うことにしているのです。

同社としては、当然ながら、サービス提供においては、利用者を大切にすることを第一としています。しかし、利用者等からのハラスメント行為は、時には職員に大きな負荷をかけることとなり、離職の原因の一つにもなるとの認識です。それは結果として、利用者にとっての不利益にもつながりかねません。

そのような事態にならないよう、同社では、現場の管理者に対し、ハラスメント行為に該当することが確認されてからではなく、「現場での対応に困ったら」、早期に報告・相談するよう徹底しています。

また、現場での対応が困難になった場合は、その後の改善に向けた一切の対応を、本社で引き取る体制をとっており、現場の職員が安心してケアに集中できる環境を整えているのです。

同社では、上記体制のほか、職場の法令違反や不正行為などの事実・恐れ・疑いも含めた現場での困りごと全般について、現場の職員が電話やメールで相談できる通報・相談窓口を用意しています。困ったとき、すぐにこの窓口に相談できるよう、年に一度、全職員に窓口の電話番号、メールアドレスを記載した携行用カードを配付しています。

もちろん、利用者、家族からのハラスメント行為についても相談の対象となっています。管理者には相談しづらいケースも、職員個々が、直接、本社に相談することができ、本社がこれら一つひとつの相談に丁寧に対応する体制を整えているのです。

ハラスメントに限らず、職場での人間関係など、現場職員のいろいろな悩みごとの相談に耳を傾け、必要に応じて解決を図ること。それが、社員を守ること、職場環境の整備、ひいては利用者を守ることにつながると、同社では考えているのです。

【SOMPO ケア株式会社】

2024 年７月に６周年を迎えた介護事業会社。一人ひとりの想いに寄り添う「介護の総合ブランド」を目指す。人としての尊厳とその方らしい生き方に寄り添うカスタムメイドケアを実施。施設介護から在宅介護まで、多様化するニーズにフルラインナップのサービスを提供している。ハラスメントなどがある難しい利用者への対応を、本社が強力に支援することで、適切な介護サービスの提供ならびに働き甲斐と働きやすい職場環境の構築に取り組んでいる。

⑹ 研修の実施

ハラスメント対策では、どのようなときに報告をあげ、組織として対応していく必要があるのかを職員にしっかり理解してもらうことが大切です。中でも重要なのが、管理者対象のハラスメントに関する研修です。介護現場でのハラスメント対策は、まず管理者がハラスメントの存在を認識し、「ハラスメントから職員を守る」という意識を持たなくては始まりません。そして、ハラスメントの対応フローなどを整備し、いつでも対応できるよう備えておくことが必要です。繰り返しになりますが、介護などの対人援助の現場でのハラスメント対策が機能するかどうかは、管理者の意識が大きく左右することを認識しておくべきでしょう。

研修では、外部の専門家を講師として招き、ハラスメントの定義について説明を受けるという方法があります。また、単なる講義形式の研修だけですまさず、どのような行為を不適切な迷惑行為だと考えるか、それにどう対処すべきかについて各職場で話し合うことに、より多くの時間を割くという方法もあります。

例えば、職場ごとに行うグループワークです。要援護者・その家族からの行為で、職員たち自身が不当だと感じ、困っていることについて話し合い、自分たちが考える「対処が必要な不適切な行為」を、改めて全員で定義していきます。

第１段階として、自分たちなりの定義についてのグループワークを実施し、定義が固まったら、第２段階としてその対処方法について検討する。そんなやり方も考えられます。

事業所が決めたハラスメント対策をただ座学で学ぶより、自分たちで検討していく方が、職員はどんなときに報告して対処が必要かを明確に認識し、主体的に対策に取り組んでいきやすいかもしれません。グループワークの過程で職員同士がハラスメントのつらい経験を共有することは、ピアカウンセリング（同じ立場にある者同士のカウンセリング）の効果も期待できます。

ただしその際には、今もなお「介護職『あるべき』論」や「パターナリスティックな思い込み」にとらわれている職員には、意識改革をしてもらう必要があります。

「対処が必要な不適切な行為」の定義やその対処方法についての研修は、一度実施すればそれでいいというものではありません。毎年、繰り返し実施することで、職員に定着させていくのです。

実施することが望ましい研修の内容については、本章第４節で詳しく説明します。

(7)　契約書・重要事項説明書への明記

ハラスメントが起こる背景として、契約時の説明が不十分であるために、要援護者・その家族が支援内容についてよく理解していないことがあると、前節で述べました。

契約書や重要事項説明書には、多くの事業所が契約解除条項を設けていると思います。近年、ハラスメント問題への意識の高まりから、契約解除要件に該当する具体的なハラスメント行為等を列記する事業所も増えています。

介護福祉サービスの事業所は要援護者を守り、支援する役割を担っています。契約は、事業所が要援護者・その家族と信頼関係を結ぶための第一歩です。事業所として、要援護者も職員も守るという姿勢を明確に伝えていくことが大切です。

しかし、契約書等への記載は特定の要援護者を排除することが目的ではありません。要援護者等に、適切なサービス提供のために心得ておいてほしいことが伝わる、バランスのとれた書き方が求められます。

契約書等には、介護保険制度で提供できるサービスの内容についても記載しておくとよいでしょう。そして、それに基づいて契約時に丁寧に説明をしておけば、介護保険外などの不適切なサービスの要求を防ぐ一助になります。

契約書等の記載例については、第９章で紹介します。

(8) ハラスメント対策マニュアルの作成

ハラスメントについての事業所の考え方、対応方法などを事業所内で共有するため、ハラスメント対策マニュアルを作成します。本節で伝えた内容や、第６章で伝える事後対応、再発防止策も参考にしていただければと思います。

「マニュアル」といっても、ハラスメント対策におけるマニュアルは、ファストフード店のマニュアルのように、「この通りにすればうまくいく」という方法を示すものではありません。ハラスメント対策として、「こうすればうまくいく」という簡単な方法があると考えるのは誤りであり、大変危険です。

マニュアルに記載すべきことは以下のような内容です。

- 各事業所で考えた報告すべきハラスメントの定義
- 事業所としての基本方針
- 事前予防策
- 対応フロー
- 相談窓口について
- 事業者からの契約解除条項、提供する支援・サービスの内容など契約書のハラスメントに関係する部分についての説明
- 介護保険のケアプランにないサービスや、介護保険で対応できないサービスを求められたときの対応例　など

ハラスメント対策マニュアルは、事業所内でハラスメントへの理解を深め、ハラスメント発生時の基本的な対応を共有するためのツールです。そのことを認識しておいていただきたいと思います。

第２節　管理者の役割

(1)　職員一人ひとりの特性の把握

管理者（マネジャー）は、「人的資源のあらゆる強みを発揮させるとともに、あらゆる弱みを消さなければならない」と言われています[19)]。そのために管理者がなすべきことの一つが、職員一人ひとりの持つ能力や個性、考え方などの特性の把握です。得意な支援、不得手な支援などスキルの面については、多くの管理者がよく把握していることと思います。

しかし、それだけでは不十分です。声が大きい人には萎縮してしまう。匂いに敏感で、きつい匂いをかぐと具合が悪くなる。せかされると焦って失敗しやすい。朝早い時間帯は集中力に欠けている……。そんな職員個々の特性を耳にすることがあっても、あまり記憶にとどめていないかもしれません。しかし、対人援助の仕事では、そうした細かな情報も十分把握しておく必要があります。

繰り返しになりますが、対人援助において、要援護者と援助職との相性は非常に大切です。特に、訪問介護のようなマン・ツー・マンでのサービスの場合、職員の特性を把握し、要援護者に合う職員に担当してもらうことが重要です。

そうした配慮が、職員に強みを発揮させ、弱みを消すだけでなく、ミスマッチによるハラスメントの防止にもつながるのです。

(2)　相談しやすい職場づくり

要援護者等からのハラスメントを受けた職員が一人で問題を抱え込んで悩まずにすむ組織にするには、職場の風通しをよくすることです。そのためには、管理者が中心となって、職場のコミュニケーションを円滑にしていくことが大切です。

コミュニケーションの基本は、「聞く」ことです。コミュニケーションをとるというと、話をすればいいと考えがちですが、管理者が語るだけの一方通行はコミュニケーションとは言えません。日頃、職員とのコミュニケーションが不足気味だと感じている管理者は、まずは職員の顔を見ながら声をかけることです。その際、「怒鳴られたり体を触られたりして、イヤな思いをしていないか。そういうことがあったらすぐに相談してほしい」と、具体的な例を挙げて聞いてみてください。「そういうことを相談していいのか」と、職員は相談しやすくなります。

声をかけても、職員がすぐに重大な相談をしてくることは、まずありません。それまであまりコミュニケーションをとっていない管理者に、いきなり相談をしようという気持ちにならないのは当然のことです。気長に構えて、徐々に関係を変えていけばいいのです。

そして、もし相談を持ちかけられることがあったら、どんな内容であっても、職員が話し終えるまで余計な口を挟まずに話を聞きましょう。大切なのは、批判、批評、否定をしないことです。管理者に相談すること自体、勇気が必要な職員もいます。勇気を出して相談したのに、批判、否定されたのでは、その勇気は二度と発揮されないかもしれません。

だからこそ、相談ごとは受容的に受け止め、職員の困りごとにすぐに対処します。加えて大切なのが、「相談してくれてありがとう。また困ったことがあったら言ってほしい」と伝えることです。なぜ相談に応じた側が謝意を伝える必要があるのか、と思うかもしれません。しかし、思い切って相談してきた行動を評価することで、職員に「こんなことを相談してもいいのだ」「相談したらすぐに対処してくれた。よかった」と感じてもらうことが大切なのです。それが、次の相談や他の職員からの相談につながります。どの職員に対してもこうした対応を心がければ、職場は徐々に相談しやすい雰囲気に変わっていきます。

日々、こうしたやりとりを重ねていると、小さな問題も管理者の耳に入りやすくなります。管理者の方も、自然と「今日はこの職員に元気がないな」など、小さな変化に気づけるようになります。そうなれば、ハラスメントの「芽」も把握しやすくなるはずです。

また、厚生労働省「対策マニュアル」には特別養護老人ホームを運営している事業所の実践事例として、チューター制度が紹介されています[1)]。年の近い先輩とペアを組み、指導役の先輩が日常的にアドバイスをしたり、相談に乗ったりする制度です。経験の浅い若い職員には、管理者より身近に感じられる先輩の方が相談しやすいものです。施設ではこうした制度も取り入れるとよいでしょう。

一方、訪問介護事業所の場合、登録ホームヘルパーは、直行直帰で事業所に立ち寄らない事業所が多いと思います。同じ職場で過ごすことが少ない登録ホームヘルパーなどのマネジメントには、施設の職員などより、一層の配慮が求められます。

今はスマートフォンで業務報告を行い、サービス提供責任者や管理者と、日常的には会話のやりとりが少ない事業所もあります。そうなると、要援護者・その家族とのトラブルやハラスメントが起きても、登録ホームヘルパーが自発的に相談、報告をしてくれなければ、なかなか把握できません。

スマートフォンなどIT機器を用いた連絡、情報のやりとりは、手軽で効率的です。一方で、情報の背後にある感情はつかみにくいものです。IT機器を活用する際はそうしたマイナス面も意識し、登録ホームヘルパーがサービス提供責任者や管理者と、定期的に会話のやりとりをする機会をつくるなどの配慮が必要です。

column

通信手当・研修手当で相談しやすい環境
訪問介護事業所・ステップ介護

「相談しやすい職場づくり」のために、コミュニケーション量が増える工夫をし、そこに様々な手当も付けている事業所があります。訪問介護事業所・ステップ介護（神奈川県横浜市）では、基本的に直行直帰となる登録ホームヘルパーに通信手当を支払い、訪問前に事業所への電話を義務づけています。その連絡費用として、登録ホームヘルパーには勤務日数に応じ、10日まで、20日まで、1か月フル稼働の3段階で、月300円から1,000円を支払っています。

登録ホームヘルパーから電話を受けたサービス提供責任者や管理者は、そのときの声の調子などに注意します。そして、元気がないなど気になることがあれば、体調や気分などに問題がないかを確認します。また、雨の日や風が強い日などは、気をつけて回るよう意識して声をかけます。そうしたやりとりを通して、事業所が登録ホームヘルパー一人ひとりを大切なメンバーだと考えていることを伝えているのです。

この日々のコミュニケーションにより、サービス提供責任者や管理者と登録ホームヘルパーの間に、「話しやすい雰囲気」がつくられます。時には、対応の難しい利用者についての相談があり、ハラスメントの芽が見つかることもあります。

また、「話しやすい雰囲気」があることから、訪問の合間に事業所に立ち寄り、昼食をとっておしゃべりをしてから、また訪問に行く登録ホームヘルパーもいます。そこで、対応の難しい利用者について話し、受けたストレスを吐き出すことによって、気持ちを切り替えて訪問に行くことができるのです。

同事業所ではまた、毎月1回、サービス提供責任者が講師を務め、ハラスメント、接遇、認知症など、様々なテーマで研修を実施しています。この研修は原則全員参加とし、研修手当として

１時間につき1,162円（2024年10月現在の神奈川県最低賃金）を支払っています。

この研修の場では、管理者から参加している登録ホームヘルパーに「困っていることはないか」と声をかけ、対応が難しいケースを共有するようにしています。そして、望ましい対応について意見を求め、話し合い、登録ホームヘルパーが対応に悩んで一人で抱え込まないよう配慮しているのです。

こうした様々な取り組みが、同事業所の「話しやすい雰囲気」づくりにつながっています。また、交通費とは別に県の最低賃金を基準に、移動した時間に応じて支払う移動手当を設けるなど、登録ホームヘルパーを大切にする事業所の姿勢を、わかりやすい形で示しています。

【ステップ介護】

2000年設立。サービス提供責任者６人、社員ホームヘルパー１人、登録ホームヘルパー20人で運営する訪問介護事業所。依頼があると即対応する姿勢や、医療処置の多い利用者にも対応可能など、スキルの高いヘルパーの多さなどから、地域での信頼は厚い。登録ホームヘルパーの定着率の高さでも知られている。居宅介護支援事業所を併設。

(3)　ハラスメント情報・対応ノウハウの共有

支援に当たっては、要援護者やその家族についての情報が多いほど、ハラスメントリスクを検討しやすくなります。そのため、新しく支援することになった要援護者・その家族については、ケアマネジャーなどの連携する職種や機関から、できるだけ多くの情報を入手するよう努めます。

そして、その情報を職員に引き渡す前に、ハラスメントリスクについて管理者がよく吟味することが大切です。リスクがあると判断したら、それを考慮した上で担当を決め、ハラスメントリスクとその対処方法について職員に伝えます。

ハラスメントリスクの有無にかかわらず、利用開始後、１～２か月は関係性を築く中でトラブルが発生しやすい時期です。管理者は意識して担当職員に声をかけ、注意深く見守るようにします。

ハラスメントについて職員から相談があったときには、他の職員が同じ被害を受けるのを避けるため、相談してきた職員の了承を得た上で情報を共有します。そして、同様の被害を受けている職員はいないかを確認します。

ハラスメントへの対処方法については、管理者より要援護者等をよく知る職員の方が、適切な対処方法を心得ている場合もあります。研修などの場で、ハラスメントの情報を他の職員たちと共有するとともに、職員たちの知恵を借り、対処方法を一緒に考えていくというやり方もあります。困りごとを共有して職員みなで対処方法を考えることで、ノウハウを分かち合うことができ、職場の一体感も高まります。管理者も一人で抱え込まないようにしましょう。

そうしたやりとりを通して、職員同士のコミュニケーションが円滑になると、次第に互いに支え合う雰囲気が生まれてきます。

また、マン・ツー・マンで対応する訪問型サービスの場合、介護保険外のサービス等、不適切なサービス提供の強要にどう対処するかをあらかじめ定め、共有しておくことが大切です。

対応方法としては、まず職員がその場で、介護保険外、あるいはケアプラン外のサービスには対応できないと説明することが基本です。それでも要援護者等が納得しない場合は、管理者等に連絡し、管理者から要援護者等に説明してもらうなどの対応をとります。

説明してそのとき納得してもらえたとしても、それだけで終わらせては十分ではありません。ケアマネジャーにも連絡し、日を改めて、管理者等ができればケアマネジャーと一緒に利用者宅を訪問します。そして、介護保険サービスやケアプランについて再度説明し、理解を求めます。

このとき、要援護者等には、今後、サービスに何か問題があれば、担当の職員ではなく管理者に連絡してもらうよう伝えます。職員を守り、矢面に立たせない配慮です。

また、介護保険外の対応が生活上どうしても必要なのであれば、ケアマネジャーに対応を検討してもらうことも必要になります。

column

誰が「これ以上は対応できない」と線を引くか

生活を支える介護は、支援しようとすれば、24 時間 365 日、際限なく仕事があります。それだけ要援護者と共に過ごす時間は長く、密度も濃くなります。人と人は共に過ごす時間が長くなるほど、行き違いが起こる機会も増えていきます。そういう意味で、介護の現場は、長く共に過ごす要援護者等との行き違いから、ハラスメントが起きやすいと言えるかもしれません。

特に、24 時間の生活の場である施設では、要援護者と接する時間が長く、どこまでが仕事としてなすべきことなのか、その範囲が曖昧になりがちです。在宅でのサービスのように、「もう時間ですから」と切り上げることもできません。

「よくあるのが、“話が違う”という問題です」と語るのは、社会福祉法人若竹大寿会の経営企画室室長・山岡悦子さんです。

こういうケアを約束していたのにやってくれていない。あるいは、約束はしていないけれど、こうやるのが常識でしょうと、ご本人やご家族からご指摘を受ける。そういうことがしばしばあると山岡さんは言います。

「掃除の仕方。要援護者の居室に様子を見に行く訪室の回数やタイミング。口元が少し汚れているのを見たご家族が、『もっとしっかり見てほしい』とおっしゃることもあります。一つひとつの要求は、それほど負担にはなりません。しかし、その頻度があまりに高かったり、特定の職員に対して執拗に要求されたりすると、ちょっと困ったことになります」

難しいのは、個々の要求自体は決して不当ではないことだと山岡さんは言います。それでも毎日、職員を呼び止めて、何時間も要求を訴え続けられては、どうしても業務に支障をきたします。

「こういう場合、必要なのは、ここまでは対応できるけれど、これ以上の要求には応じられません、という線引きです。そして、それは現場で支援に当たっている職員ではなく、管理者がすべきことです。お気持ちはわかるけれど、これ以上についてはできかねる。そう、はっきりと伝えることが、管理者の役割だと思います」と、山岡さんは言います。

同法人では、職員を長く引き留めて話す入所者やその家族には、現場の職員ではなく、相談員やケアマネジャー、管理者などが対応することにしています。また、あまりに話が長引く人については、1回の対応時間の上限を決めることもあります。

「お話の内容は、そのときお話を聞いてすぐに解決できる問題ではないことが多いのです。それぞれのケースによりますが、例えば一度にお話を伺えるのは30分までにさせていただきたいと、ご家族にお話しすることもあります」

とはいえ、対応している職員にはなかなか時間を計ることはできません。そこで同法人では、その時間が経過すると他の職員が呼びに行くなどして、話を終えるきっかけをつくっています。

山岡さんは、こうしたケースでの訴えでは、必ずしも施設や職員に改善すべき点があるわけでもないと言います。

「毎日のように面会に来られるご家族に、そういう方が多いように思います。これは、職員が要求を聞く形をとりながら、実はそのご家族に対するケアの部分が大きいのですね。ご家族には、入所されている方のためにできるだけのことをしたいという思いがある。一方で、自分自身に何か精神的に満たされない思いもある。その両方で、いらだったり、怒りを感じたりされているのではないでしょうか。ハラスメントと言われることの背後には、そうした思いもあることを感じます」

対応の難しい家族が面会に来たとき、声をかけられる前に声をかけるよう職員に指導したら、その家族からの訴えが落ち着いたこともあったと、山岡さんは言います。

「寂しい。自分の存在を認めてほしい。自分が正しいことをしている、あるいは言っているのだとわかってほしい。そんな気持ちがあるのだと思います」

職員を守りながら、一方で家族の思いを理解し、受け止めていく。そんな環境を整えるのは、管理者の大切な役割なのです。

【社会福祉法人若竹大寿会】

1989 年設立。神奈川県横浜市内に、特別養護老人ホームや訪問介護、デイサービス、障がい者グループホームなど、29 拠点を運営する。「スタッフファースト」を掲げ、職員も利用者も大切にすることで「人を幸せにする」ことを目指す。

第３節 要援護者・家族への説明

(1) メリハリをつけた説明

ハラスメントを防ぐためには、要援護者・その家族に支援内容やハラスメント防止について十分理解してもらうことが大切です。

筆者自身、これまでに介護サービスの契約を何度も経験しています。しかし、契約の際、契約書や重要事項説明書に、「著しい不信行為」等による事業者からの契約解除についての条項が設けられていても、ハラスメントについて全く触れることなく説明を終えるサービス事業者もいました。それでは、いざハラスメントが発生した際、解除条項を適用した対応をとりにくくなります。

ハラスメント行為があったとき、場合によっては契約解除もあり得ることは、契約時にきちんと伝えておくことが必要です。

契約を結ぶ際、限られた時間内で契約条項のすべてを丁寧に説明するのは困難かもしれません。それならば、契約時の説明では、メリハリをつけることが必要になります。サービス内容に関する条項、ハラスメントに関する条項、契約解除条項等、どの条項をしっかりと読み合わせて、要援護者・その家族に理解してもらう必要があるかを検討します。そして、重点的に説明する条項を定め、その条項については必ず理解を得た上で契約を結ぶよう、事業所内で意識統一を図るのです。

丁寧に説明しても、「聞いていない」という利用者や家族はいます。実際、一度にたくさんの説明を受けるため、覚えていないこともあるでしょう。そうした場合に備え、例えば、重要な部分にはラインマーカーを引きながら説明するなど、「説明した」という事実が残るようにしておくとよいでしょう。

(2)　ハラスメント防止への理解

契約時、ハラスメントについて説明する際には、まず、一般社会でもハラスメントを防止する気運が高まっていることを伝えます。そして、介護など対人援助の現場でもハラスメント防止に取り組んでいることを説明します。

ここで重要なのは、要援護者を大切にするのと同様に、職員も大切にしたいという事業所の思いを併せて伝えることです。そして、ハラスメントのようなことが起きない良好な関係の中でこそ、よい支援が提供できることを伝え、理解を求めるのです。

要援護者・その家族の中には、自分の行為がハラスメントに当たることを認識していない人も少なくありません。契約時には、どのような行為がハラスメントに当たるのかについても説明し、理解してもらうことが大切です。

一方、厚生労働省の「対策マニュアル」には、具体例を示して説明することで要援護者に不快感を与えたり、時間をとられて他の条項の説明が不十分になったりするリスクもあると書かれています[1)]。ハラスメント行為を起こすのは要援護者等のごく一部であり、厚生労働省の指摘している点は十分考慮する必要があります。

しかし、だからといって、具体的なハラスメント行為について何も説明しないままでは、要援護者等に理解してもらうことが難しくなります。わかりやすい説明文書を用意して、契約時に説明しておく必要があります。本書の巻頭には、ハラスメント行為についてイラストで示した説明文書を付けてあります[※]。ある事業所では、このイラストを見せて説明したところ、言葉でいくら説明しても止まなかった利用者のハラスメント行為がピタリと収まったそうです。

物事の理解の方法は人によって得意・不得意があり、言葉での説明を聞くより、絵で見た方が理解しやすい人もいます。一人ひとりに合わせた説明方法で理解を促しましょう。

また、女性職員へのセクハラは、男性職員の存在が感じられるだけで抑止効果があります。契約時に女性職員だけで訪問せず、男性職員が同行することは有効です。男性職員は必ずしも管理者等である必要はありません。女性だけの事業所は、ケアマネジャーや地域包括支援センター職員などに協力を求めるとよいでしょう。

※　巻頭カラーページのイラストによるハラスメント防止の説明文書は巻末のダウンロードキーで、日本法令ホームページから無料でダウンロードできます。契約時の説明の際などに是非活用していただければと思います。

(3)　介護保険制度についての説明

NCCUの「ハラスメント調査」で多かったハラスメント行為として、契約していないサービスや介護保険外のサービスなど、不適切なサービスの強要がありました。これは、要援護者（利用者）が介護保険の制度、サービスについて十分理解していないこと、つまり、事業者の説明不足も原因となっていると思われます。

厚生労働省の「対策マニュアル」には、「利用者が受けられる介護保険のサービスの範囲（契約内容）について、利用者や家族等と施設・事業所の認識が合っているか確認する」とあります[1)]。介護保険制度については、介護保険法の条文に基づき、契約時に以下の点を丁寧に伝える必要があります（筆者が条文の要点を要約）。

- 介護保険は、要介護となった人が、自分の持つ能力に応じて自立した日常生活を送れるよう、必要な保健医療、福祉のサービスを提供するものであること（1条）
- 介護保険のサービスは、要介護状態の軽減または悪化の防止に役立つように提供されるものであること（2条2項）
- 要介護となった人は、自発的にリハビリテーションなどの保健医療、福祉のサービスを利用して、持っている能力の維持向上に努めるよう求められていること（4条1項）

また、サービスの具体的内容について、特に訪問介護では、介護保険ではできないサービスを契約時に丁寧に説明することが大切です。訪問介護を提供する事業所の中には、契約時に併せて自事業所による自費の介護保険外サービスについて説明し、契約を結んでいるところもあります。利用者・その家族から保険外サービスの提供を求められた際、介護保険では対応できないが自費サービスで対応すると伝えることで、不適切なサービスの強要を避けるためです。

訪問介護で提供できないサービスについては、厚生労働省が下記のように規定しています[46]。

- 直接利用者の援助に該当しないサービス
  （例）利用者の家族のための家事や来客の対応　など
- 日常生活の援助の範囲を超えるサービス
  （例）草むしり、ペットの世話、大掃除、窓のガラス磨き、
  正月の準備　など

介護保険ではできないサービスについても、契約書とは別に、認められていないサービスをイラストで示した説明文書などを用意するのも一つの方法です。そうしたものがあると、利用者等にはより伝わりやすいでしょう。

第４節　職員への研修

(1)　ハラスメントについての理解

ハラスメント対策で重要なのは、職員みながハラスメントについての共通認識を持つことです。ある職員が耐えがたいハラスメントだと感じている要援護者等の行為を、他の職員が「それぐらいのことを大げさな」と否定したら、ハラスメント行為を受けた職員は二重に傷つくことになります。

とはいえ、ハラスメントは、職員それぞれの対応力やキャパシティ、ハラスメント行為者のキャラクター、職員と行為者との関係性によっても、受け止め方が変わる難しい問題です。本章第１節にある (6)「研修の実施」も参照し、職員が主体的に、何がハラスメントに当たるかを考え、対策に取り組める研修を組み立てていただきたいと思います。

(2)　介護保険のサービスについての理解

本章第３節で、要援護者（利用者）・その家族に対して、介護保険制度やサービスの内容について、丁寧に説明する必要性を述べました。同じように、職員の介護保険制度、サービスについての理解を再確認することも大切です。

特に訪問介護の場合、「あのホームヘルパーさんはやってくれたのに」という言い方で、利用者が介護保険外サービスを求めてくるケースが多いことが、NCCUの「ハラスメント調査」でも明らかになっています。

要援護者等のそうした発言は、介護職等の介護保険についての理解度や対応のバラツキが背景にあるかもしれません。最低限、本章第３節（3）「介護保険制度についての説明」で記した要援護者等に理解してもらうべき内容を、職員もきちんと理解していることが必要です。介護保険外のサービスだと気づかずに対応する、知っていながら断れずに対応することがないよう、職員に徹底します。

また、訪問型サービスでは、介護保険外のサービス提供を求められた際の対応をあらかじめ共有しておきましょう。

(3)　疾患、障がいについての理解

要援護者・その家族による「不適切な行為」は、背景に認知症、統合失調症などの疾患、障がいがあるケースがしばしば見られます。しかし、疾患や障がいが背景にあるから、介護職等は「不適切な行為」を受けても我慢するしかないと考えてはいけません。繰り返しになりますが、そうではなく疾患や障がいのことをよく理解することで、「不適切な行為」を引き出さずにすむ、あるいは低減する対応を考えてほしいのです。

疾患や障がいの有無にかかわらず、人の行動にはすべて理由があります。通常の人間関係であれば、相手が怒れば、なぜ怒ったのか、その理由を考えるはずです。ところが、相手が認知症や統合失調症などの疾患等を持っていると、「病気だから、障がいがあるから仕方がない」とレッテルを貼り、怒った理由を真剣に考えずに思考停止してしまうことがあります。

これは、疾患等を持つ要援護者等に対して、実に失礼な対応です。介護職等は、「病気、障がいがあるから解決できない」と結論づける前に、自分が「不適切」と感じた言動をなぜ要援護者がとったのか、その理由をあらゆる方向から考えてみるべきなのです。

その疾患や障がいで心身にどのような変化が起き得るのか。何が苦手になり、どのような行動をとりやすくなるのか――疾患等が要援護者等に及ぼす影響と、そこから起こり得る行動特性を知っておくことは、支援をする上で重要です。その疾患や障がいに詳しい医師などから、学ぶ機会を設けるとよいでしょう。

しかし、それだけでは十分ではありません。疾患等を持つ要援護者を支援するには、疾患等によって生活の中で起こり得る暮らしにくさや、そこから生まれる感情、あるいは、疾患や障がいがあっても保たれ、発揮できる能力などを知っておく必要があります。

それは医療職だけでなく、認知症や統合失調症、知的障がいのある人などに対する個別性の高い支援に長けている介護職員等から学ぶことも必要です。「治療」のための医療面の知識だけでは、要援護者の心も含めてその人まるごとを見据え、「生活」を支えるのは難しいのです。その点を十分理解せず、学びが不十分な介護職等の誤った対応によって、要援護者の「不適切な行為」が引き出されるケースがあることは否定できません。

疾患等についての理解を深めるには、医療面と生活面、両方を学ぶ機会を設けることが欠かせないのです。

column

それって「認知症だから」なんですか？

厚生労働省は、認知症や精神疾患の症状から起きる暴力や暴言などの行為はハラスメントではないとしています。しかし一方で、認知症などの疾患によって起きる行為にうまく対応できず、悩んでいる介護職員の声を非常によく聞きます。そこで、株式会社あおいけあ代表取締役の加藤忠相さんに話を聞いてみました。同社は、細やかなアセスメントに基づき、利用者一人ひとりを丁寧に見つめてその人らしさを引き出す認知症ケアで知られています。暴言や暴力を引き起こさない「認知症の適切なケア」を、加藤さんに教えてもらおうと考えたのです。

加藤さんは私の問いに答える代わりに、こう聞いてきました。

「暴言や暴力って、『認知症だから』なんですか？」

認知症だから？　改めてそう問われたとき、皆さんならどう答えるでしょうか。

加藤さんはこう言います。

「10時になったらお茶、12時になったら昼ごはん、4時になったら入浴と決められていて、その通りに動いてくれと言われたら、どうですか？　反発したくなることもありますよね。それは自然な感情でしょう？」

いつも穏やかな人でも、時にはイライラすることもあります。また、年齢や性別、認知症などの病気とは関係なく、普段からイライラしがちな人、強い言動をとりがちな人もいます。

「それなのに、『いま風呂には入りたくない』『お茶なんかいらない』と言うと、『認知症で拒否が強い』と言われてしまう。おかしくないですか？」

高齢者に望ましくない言動があると、無意識のうちに「認知症」「精神疾患」「もともと暴力的」などのフィルターをかけて見ている。そのことへの違和感を、加藤さんは冒頭の問いで指摘していたのです。

「『介護マニュアル』というものがある時点でおかしいですよね。一人ひとり違う人間を相手にしているのに、『こうすればいい』みたいに考えられては困ります。認知症があってもなくても、不安を抱えている人、不安になりやすい人を不安なままにさせておくから、いろいろな言動が出てしまうんじゃないですか？」

例えば、病院でずっと大声を叫んでいるような人は、薬によるせん妄が考えられ、落ち着きなく歩き回る人の１／３程度は便秘の影響ではないかと、加藤さんは言います。せん妄の原因、歩き回りたくなる原因として、どのようなことが考えられるか。正しい知識がないと、行動の理由をつかめません。

「介護職員は介護のことをわかっていればいい、というわけではありません。人の生活を取り巻く、できるだけ多くの知識を持っておく必要がある。それが、その人が抱えている不安や行動の理由を解き明かす材料になるからです。私たち介護職員は、そうやって解き明かしていくプロのはずでしょう？」

「あおいけあ」では勉強会に、在宅医、訪問歯科医、経済学者、コミュニティデザイナーなど、介護分野以外の人を講師に招いています。そうして身につけた知識も活用し、利用者一人ひとりにとって居心地のよい居場所をつくる努力を重ねているのです。

【株式会社あおいけあ】

2001年、代表取締役の加藤忠相さんが25歳で設立。神奈川県藤沢市で小規模多機能型居宅介護とグループホーム等を運営する。映画『ケアニン』シリーズのモデルとなった事業所。認知症のある人を特別視せず、その人の持ち味を引き出すケアで知られ、国内だけでなく、海外からの視察や見学者も多い。

(4) 要援護者のアセスメントについて

ハラスメント対策では、サービス利用を開始する際のアセスメントが重要な意味を持ちます。施設入所前の事前調査や、サービス利用契約の際の要援護者・その家族からの聞き取りの際には、心身のアセスメントとともに「ハラスメントリスク」のアセスメントも行うよう研修を行います。

心身のアセスメントでは、病気や身体機能、認知機能についての確認が中心になりがちです。しかしハラスメントリスクの面から見ると、「元漁師であり、今も早朝３時に起床する習慣が抜けない」「有名料亭の板長を務めていたため、食に対するこだわりが非常に強い」など、生活歴に基づいた「その人らしさ」「個別性」を把握できる情報も必要です。要援護者等による不適切な行為があったとき、要援護者等についての詳しい情報があればあるほど、行為を引き起こした背景に何があるかを検討できるからです。

要援護者の生活史や、こうした個別性を感じさせる情報は、サービス開始後も日常会話の中でさりげなく問いかけ、引き続きアセスメントを続けて補足していくべきものです。よく知らない介護職等に自分自身、あるいは大切な家族のプライベートな情報を、最初から包み隠さず話せる人は多くありません。関係が深まるにつれ、話の内容も深まっていく方が自然です。当初は全く知らなかった生活史を聞かされたら、アセスメント情報を更新すればいいのです。

要援護者その人の全体像を詳しく知ることは、ハラスメントを招かない、本人にとって望ましい対応を考えていく材料ともなります。アセスメントは、入所や利用開始前に聞き取りを行う相談員だけの役割ではなく、時間をかけて行い、関わる中で常に更新していくもの。研修では、そうした意識を職員に浸透させます。

生活史を含めた要援護者の全体像の把握が進めば、ハラスメントリスクを分析することもできます。例えば、家庭でも怒鳴ったり、ものに当たったりすることが多いことが把握できれば、身体的暴力のリスクに備えることができます。そこから、どのようなときに怒鳴ったりすることが多かったかなど、さらに要援護者を詳しく知るきっかけもつかめます。勤めていた頃から、好みの女性を見ると近づいて体に触れる傾向があった人は、セクハラリスクを考慮した上での担当決めができます。

聞き取りの際は、家族が本人といると表情が硬いなど、ちょっとした違和感にも敏感になることが大切です。そうした気配から、家族の心情に配慮しつつ、より深い聞き取りを行うようにするのです。

自宅でも暴力が多いなどのケースでは、利用や入所を断られるのではないかと考え、聞き取りの際に暴力行為を伏せたがる家族もいます。家族がそうした不安を感じるのは、もっともなことです。事業所として、どんな人も受け入れ可能というわけではないのも事実です。しかし正確な情報が得られなくては、適切な判断も適切な支援もできません。誠意を持ってそうしたことを伝え、聞き取りに協力してもらえるよう働きかけることです。

厚生労働省による「管理者向け研修のための手引き」では、次のようなことを、要援護者（利用者）に関するハラスメントのリスク要因だとしています[47]。

- 違法行為や暴力行為がある（過去にあった）
- 家族関係や人間関係のトラブルを抱えている（過去にあった）
- 訪問時に酒に酔っていることがある
- 病気や障害に対する医療や介護の適切な支援を受けていない など

また、訪問系サービスの場合は、次のようなことが環境面でのリスク要因として挙げられています。

- 出口が遠い、鍵がかかるなどケアを行う場所の構造

- アダルトビデオ、ビンなどの割れ物など、ハラスメントに利用される恐れがある物品の存在
- 放し飼いのペット　など

事前調査や聞き取りでの訪問の際には、こうした視点を持って、ハラスメントリスクについてもアセスメントを行うよう、研修で伝えていきます。もちろん、ハラスメントがあるという前提で要援護者・その家族を見る必要はありません。しかし、職員、そして自分自身を守るためにはハラスメントリスクの把握が欠かせないことを認識してもらうことが大切です。

column

「24 シート」活用で要援護者をアセスメント ユニット式特別養護老人ホーム A

ユニットケアのツールである「24 時間暮らしの支援シート」は、要援護者の生活実態を詳細に把握できるツールです。シートを作成する過程で聞き取る項目数が約 100 と多いため、作成の負担が大きいという声も聞きます。しかし、最初からすべての項目を埋めようとする必要はありません。

ユニット型特別養護老人ホーム A（以下、特養 A）では、「24 時間暮らしの支援シート」を「24（ニーヨン）シート」と呼び、まず入居前に心身の状態や日々の暮らしぶりを聞き取り、それを 24 時間軸で見える化して、職員間で情報共有するためのツールとして使用しています。

特養 A への入居が決まると、生活相談員が要援護者を訪問し、聞き取りシートを使って本人と家族から聞き取りを行います。1 時間ほどかけて行う、このときの本人、家族等とのやりとりがアセスメントです。項目数が多く、要援護者によっては不要と思われる項目もあるため、取捨選択して必要な情報を中心に聞き取っ

ていきます。

入居前に聞き取っているのは、起床時間、起床時にしてほしいこと、着替えの好み、歯磨き、洗顔、食事、排泄、就寝時の習慣など。重要でない項目は入居までに書き込んでもらうよう伝え、渡して帰ることもあります。

やりとりで得た回答は、担当ユニットで「24シート」に落とし込みます。特養Aがある自治体では、作成した「24シート」をケアプランの第3表、第4表として認めているため、ケアプランは第1表と第2表のみ作成します（自治体により扱いは異なります）。

入居後は「24シート」に基づいて支援に当たりますが、中には本人の希望や生活実態に合わないことも出てきます。それは本人の反応や生活状況を見ながら、日々、修正していきます。

修正には、「24シート」に沿って記録するタイプの記録ソフトが役立っています。記録ソフトは、予定と実績を入力する形式になっているため、支援が適切かどうかを確認しやすいのです。

入居後、要援護者との関係性ができてくると、日々の関わりの中で、最初はわからなかったことも見えてきます。話してもらえなかったことを、少しずつ聞けるようにもなります。要援護者の介護から離れ、気持ちが落ち着いた家族から、改めていろいろなことを教えてもらえることもあります。

そうして得た情報は、都度、「24シート」に書き加えていきます。「24シート」は、最初から完成されたものにする必要はない。そうして少しずつ充実させて、「その人らしさ」を表現できればいい。特養Aでは、そう考えているのです。

生活歴に関しては、特養A独自の「生活歴を知るエピソードシート」に書き込み、「個人年表」を作っています。どこで生まれ、どこで育ち、どんな家族構成で、どんな思い出があり、どんな仕事をしてきたか。そうしたことを年表にまとめる「生活歴を知るエピソードシート」もまた、要援護者についての理解を深めるツールとなっています。

(5)　報告と記録について

Ⅰ．報告のルールと方法

ハラスメントを「芽」で摘むために、非常に重要なのが報告と記録です。１つの重大事故の背後には、29の軽微な事故、300のヒヤリハットがあると言われるように、ハラスメントも、発生に至るまでに類似する軽微な出来事が複数あるものです。そうした軽微な出来事を報告した上で、記録する体制が整っていれば、ハラスメントに発展する以前に対策をとることができます。

職員は気になる事案があった際、訪問介護事業所ならサービス提供責任者、施設ならスタッフリーダー等、直属の上司に報告します。その中で、管理者への報告が必要だと思う事案について、サービス提供責任者等から報告を上げるという体制がスムーズです。

先々、本部職員や経営陣による対応が必要になることが想定される難しい事案については、本部職員等にも報告しておくことが大切です。事情を知らされず、問題が大きくなって初めて報告を受けたのでは、全容を把握するのに時間がかかり、対応が後手に回ってしまいます。どのような案件について本部に報告を上げるかも含め、報告のルールを定め、研修で共有します。

報告の方法については、研修で客観性を持った報告のあり方について伝えておくことが大切です。ハラスメント行為、それに発展する恐れがある行為を受けた職員は、感情が揺れ動き、報告も主観的な表現に偏りがちです。

しかし、報告で求められているのは客観的な情報です。5W1H（誰が・いつ・どこで・何を・なぜ・どのように）を意識し、時系列で報告できるよう、研修で練習しておくとよいでしょう。

Ⅱ．記録の意味とポイント

気になる事案と対応については、報告と同時に記録を残します。どのような内容をどのように記録するかは、事業所ごとにある程度フォーマットが決まっていると思います。しかし実は、冗長であったり、情報量が乏しかったり、職員によってまちまちであることも少なくありません。それを是正するためには、記録として必要な情報が何かを学べる研修の実施が有効です。

例えば、あえて余計な情報を様々盛り込んだハラスメント事例の物語を用意します。それを読み、各職員にハラスメントを受けた当事者の立場で記録を書いてもらいます。そして、グループワークで、互いの記録の過不足を指摘し合うのです。

そこで、記録内容に職員によるバラツキが大きいとすれば、ルールの統一が必要だとわかります。そして、模範例を示すことで、どこに焦点を絞って記録すればいいかを伝えていきます。

ハラスメントについての記録の大切さは、事故や苦情対応の場合と同様です。筆者は、かつてある機関で介護サービスの苦情相談を担当していたことがあります。あるとき、利用者からの苦情案件で、ある事業者の訪問調査に行った際、その利用者への支援記録を確認しました。電子記録でしたが、利用者とのやりとりが実に丁寧に書かれており、非常に感心したことを覚えています。

電子記録はあとから修正することができ、内容の信頼性は絶対とはいえないという指摘もあります。しかし、冷静に、客観性を持って書かれた記録を時系列で確認していけば、それが日々積み上げられてきた記録かどうかは自ずとわかるものです。

その事業者は、記録は自分たちを守るためのものだという認識を持っており、特に、苦情を訴えてきた利用者とはトラブル発生を想定して詳細な記録を残していたと語っていました。このケースは、利用者からの苦情案件でしたが、事業者から見るとハラスメント事案と言ってもいい、対応の難しい案件でした。それは、丁寧な記録が残されていたから、訪問調査で把握することができたのです。

このように、適切な記録を残していれば、何かあったときにも、適正な支援を提供していることを第三者にも理解してもらえます。この事業者の言葉の通り、「自分たちを守る」ことができるのです。

また、記録は支援内容の検討や共有においても大きな役割を果たします。日々、記録を残していけば、ハラスメントの予兆に気づき、ハラスメントに発展させない対応を考えていくこともできます。

予兆、あるいはハラスメント行為に、それぞれの職員がどのように対応し、その対応により要援護者の言動がどう変わったか。その記録も、ハラスメント対応を検討するよい材料となります。記録から、効果的な対応を見出し、それを職員みなで共有することでハラスメント行為を軽減できるかもしれません。

記録は事故、苦情対応でも重要な役割を果たします。研修では記録が果たす役割、意味をしっかりと伝えていくことが大切です。

⑹　職員自身の個人情報保護への意識

介護職等には、要援護者・その家族と話していて、出身地や家族のことなど個人情報について聞かれた経験のある人が多いのではないでしょうか。話の流れを断ち切りたくないために、そうした質問に答えることもあると思います。

自分のプライベートな情報を明かすなど、内面を見せる振る舞いをすると、相手もそれに応えなくてはという心理が働き、同じように自分の情報を明かしてくれるようになりやすいものです。これを心理学では「自己開示の返報性」と言います。そうしたやりとりによって関係を深め、親密になっていくのが、一般の人間関係です。

しかし、介護職等と要援護者等の関係は、一般の人間関係とは異なることを意識しておく必要があります。聞かれた出身地を明かしたとしても、大きな問題はないかもしれません。しかし、無防備に答えていると、要援護者等は、聞けば答えてくれるものと思い違いをし、さらにいろいろなことを聞いてくるかもしれません。

個人情報を明かす、プライベートを見せることは、扉を開き、懐深くまで受け入れる用意がある、と相手に思わせてしまう可能性があります。予想外に深くまで踏み込まれそうになってから慌てて扉を閉じようとすれば、相手を傷つけたり、怒りを買ったりすることもあります。それがハラスメントにつながることもあり得ます。要援護者等からの質問には、個人情報を開示するリスクも検討した上で、どう答えるのかを考えるべきなのです。

例えば、「あなたは私のことをいろいろ知っているのに、どうしてあなたは何も答えてくれないのか」と、要援護者に言われたとき。その問いに、どのように答えるべきでしょうか。前述の「自己開示の返報性」からすると、要援護者がそう感じるのは自然なことです。しかし、介護職等との関係は一般の人間関係とは違うと、要援護者を傷つけないよう配慮しつつ、理解を促す必要があります。

また、自分と要援護者等との“距離”の取り方は、相手によって異なるものです。自分自身の個人情報は、基本的には明かさない方が安全です。ただ、ハラスメント等のリスク管理が必要な相手もいれば、ある程度明かしても問題はないと考えられる相手もいます。

正解は一つではありません。一律の判断が難しい問題だからこそ、原則として個人情報は「安易に」伝えないという認識を徹底させることは大切です。そして、事業所として、職員の個人情報保護についての考え方、要援護者から聞かれたときの判断の基準等を研修で伝えていく必要があるでしょう。

第５節　他事業所・関連機関との連携

(1)　他事業所との連携

要援護者の支援に多数の支援関係者が関わっている場合、支援関係者同士で情報共有することは非常に重要です。特に、要援護者のハラスメントをきっかけにサービス事業所が変更される場合は、どのようなハラスメントリスクがあるのか、そのリスクにどう対応すべきかについて、事業所間での情報共有は不可欠です。

にもかかわらず、時に、ハラスメントの事実を伏せたままサービスが引き継がれることがあります。引き継いだ事業所はハラスメントリスクに気づかぬまま対応することになり、職員が新たな被害を受ける可能性があります。こうした事態を避けるためには、ネガティブな情報も伝え合える、事業所同士のよい関係を築いておくことが大切になります。

先に「自己開示の返報性」について述べましたが、そもそも人間の心理には、「返報性の原理」というものがあります。人から好意や利益を受けると、それと同程度のものを返したい、返さなくてはいけないと感じる心理のことです。

日頃から、何かあれば他の事業所のためにも労を惜しまない事業所に対しては、他の事業所も、同じ厚意を返さなくてはと真摯な対応をとるものです。当然、ハラスメントの情報を伏せたまま引き継ぐようなことはしないはずです。地域内の事業所と、そうした助け合える関係を築いておくことは、一事業所では対応しきれないトラブルが起きたときのリスクヘッジにもなります。

地域包括ケアの時代、地域の事業所同士の連携によって地域住民を支えていく取り組みが、今後ますます求められていきます。対応の難しいハラスメント案件は、「地域ケア会議」など多職種がそろう場で検討していくことも必要でしょう。

ただし、事業所間で情報共有したり、「地域ケア会議」等で要援護者等の支援方法を検討したりする場合は、個人情報保護への配慮が必要です。詳しくは、108ページのコラムを参照してください。

(2) 行政、警察、地域包括支援センター、ケアマネジャー等との連携

要援護者・その家族からのハラスメントが起きたら、必要に応じて、行政や警察、地域包括支援センター等の支援機関、ケアマネジャー等に相談、報告します。ハラスメントを「芽」で摘むためという目的からはややはずれますが、ここで触れておきます。

行政へは、特に暴言や不適切なサービスの強要などを繰り返す要援護者・その家族の場合、早い段階で報告する必要があります。多くの場合、ハラスメント行為者からも行政に対して、事業所を批判する連絡が入るからです。話が一方的になり、誤解を招くことがないよう、事業所からも行政に事情を説明しておきます。

警察については、度を超したハラスメントなど、事件性のある案件についての相談対応体制が強化されています。きっかけは、2021年の大阪府での心療内科放火事件と、2022年の埼玉県での在宅医療・介護関係者殺傷事件（第７章の事例に関連情報あり）です。これらの不幸な事件のあと、警察庁から警視庁と道府県警察に対して、都道府県医師会等と安全確保のための意見交換を行うなどの連携強化を求める通達が出されました[49)]。

要援護者・その家族からの暴言や暴力について、110番するほどの緊急性がない場合は、管轄の警察署の「生活安全相談部門」（警察により名称は異なります）に相談します。必要に応じて、直接、

警官から要援護者等に警告、注意してくれることもあります。警官からの注意は効果絶大です。また、警察相談専用電話「#9110」番で相談することもできます。全国どこからかけても、その地域を管轄する警察の相談窓口につながります。対人援助技術ではどうにもならないと感じたときには、事業所内で抱え込まず、一度、警察への相談を検討していただきたいと思います。

地域包括支援センターやケアマネジャー等には、ハラスメント対応に困った際、仲介役を担ってもらうために連絡をします。特に、行為者と話し合いをするときには、必ず地域包括支援センター職員やケアマネジャーなどの第三者に立ち会いを依頼しましょう。これは、当事者だけでの話し合いでは冷静さを欠く恐れがあるためです。後に、話の内容を客観的に振り返る視点を確保しておくためにも当事者以外の同席者が必要です。

地域包括支援センターやケアマネジャーとは、どのように話し合いを進めたいかを事前に打ち合わせて、話がスムーズに進むようサポートを依頼しておきます。話し合いで改善が見られない場合は、地域包括支援センターやケアマネジャー等からも、行為者に対して働きかけてくれるよう依頼します。

こうして丁寧に話し合いを重ねることで、ハラスメント問題が解決することが望ましいものです。しかし、残念ながら解決に至らず、契約解除せざるを得ない場合も、地域包括支援センターなどの第三者に話し合いに同席してもらっておくことで、契約解除の妥当性担保の助けになります。

⑶　主治医との連携

介護職等にとって、医師は連携相手として最もハードルが高いと言われています。それでも、ハラスメント対策においては、主治医とも適切に連携しておく必要があります。

その理由の一つは、要援護者の疾患や障がい、その治療薬とハラスメントリスクに関係がある可能性を把握しておくためです。本章第４節（3）「疾患、障がいについての理解」で述べたように、疾患等の特性や治療に関することは、医師から学ぶことが早道です。

一般に、医師は要援護者の生活面までは十分把握できていないケースが多いものです。診察室での要援護者本人とのやりとりだけでは、処方した薬が狙い通りの効果を発揮しているか、望ましくない副反応は出ていないかを十分に把握しきれない場合もあります。適切な治療をしたいという思いが強い医師ほど、治療効果を確認できる情報を求めているものです。

そこで、医師、介護職員等の両者にとってメリットが感じられるアプローチを考えてみます。例えば、介護職等からは、医師が知りたいと考えている、要援護者の治療に影響がある生活習慣、生活状況等について伝える。一方で、医師からは疾患がもたらす行動特性や薬が与える影響などについて教えを請う。そんな情報交換の時間を持ちたいと、医師に提案するなどの方法です。

主治医と連携するもう一つの理由は、実際にハラスメントが発生し、それが介護職等の対応だけではなかなか解決できないときに、力を借りるためです。

誰の言うことも聞かなかった要援護者が、信頼する主治医から「そんなことをしてはいけないよ」と言われただけで、ピタリとハラスメント行為をやめたという話を耳にすることがあります。処方の変更によって、暴力的な傾向が収まったという話もあります。短期間の入院による薬の調整で、認知症や精神疾患のある人が在宅で穏やかに過ごせるようになることもあります。

認知症がある人への支援では、できるだけ薬に頼りたくないと考える介護職員等もいることと思います。しかし、本人の状態に応じて適切に医療につなぐのは、介護職員等の大切な役割です。そのためには、病気や障がいについての知識を深め、医師や看護師とも連携を取りやすい関係を築くよう、日頃から心掛けたいものです。

医師との連携については様々な書籍があり、ここで詳しくは述べません。ただ、命を守る医師と生活を支える介護職では、同じ要援護者と相対していても視点が異なり、齟齬が生じやすいものです。また、医師の専門性への強い思いを介護職等が十分理解していないと、行き違いが起こることもあるので注意が必要です。

第６章
ハラスメントの事後対応・再発防止策

どれだけハラスメント予防に取り組んだとしても、介護の現場でのハラスメントを完全に防ぐのは難しいものです。ここでは、ハラスメントが起きてしまったとき、どのような対応をとるべきかについて説明します。

第１節　ハラスメント直後の対応

(1)　まずするべきことは

予防策をとっていたにもかかわらず、ハラスメントが起きてしまったとき。最初にとるべき対応は、被害職員の安全の確保と心身のケアです。ここでは、ハラスメントを受けた職員がサービスを継続できないレベルのダメージを受けた場合を想定して、対応を説明します。被害を受けた介護職等は、まず自分の心身を守る行動をとることです。

以下、第５章第１節（4）「対応フローの作成」と一部重複しますが、改めてここでハラスメントの事後対応について記します。

(2)　身体的暴力があった場合

身の危険を感じる暴力を受けた場合、介護職等は、「サービスを続けられない状況なので、これで失礼します」と、ハラスメント行為者に告げて、急いでその場から立ち去ります。どの程度の暴力を受けたら立ち去るかという線引きは難しいですが、自身の防衛本能に基づく感覚で判断して間違いないでしょう。無理にとりなそうとしたり、サービス提供を続けようとしたりする必要はありません。

強い恐怖を感じている、けがをしているなどの状況の場合、呼び止められても振り返る必要はありません。まず自分の身を守ることを何より優先させます。

訪問系サービスであれば、安全な場所まで移動してから、管理者等に連絡を入れ、「暴力を受けたのでサービスを続けられない。今から事業所に戻る」という程度でよいので、事情を伝えます。ここで無理をして詳しい事情を説明する必要はありません。

管理者等は、けががないかを確認し、けがをしている場合は病院を受診させます。受診の際は健康保険を使わずに労災保険扱いでの受診とし、診断書の発行を求めます。

介護職等には、被害に遭ってもなお、「サービスを提供しないで帰ってしまって困っていないだろうか」と心配する人もいます。管理者等は、「あとのことはすべてこちらで対応するから、自分のことだけを考えるように」と声をかけ、職員を安心させることが大切です。この段階で職員に詳しい事情を確認するのは避けます。

職員のけがの程度がひどい場合や、飲み物への薬物の混入、凶器を用いた傷害など、社会通念に照らしてハラスメントの範囲を超えていると判断した場合は、警察に通報します。

2022 年には埼玉県で在宅医療・介護関係者の殺傷事件が起きています。非常に稀だと思いますが、命を奪うほどの敵意を持つ要援護者等がいる可能性も介護職等は考慮しておく必要があります。

(3)　精神的暴力、セクハラがあった場合

胸を触るなどのセクハラ行為があった場合、介護職等は、すぐにハラスメント行為者の手が届かない距離まで離れます。そして、努めて冷静な声で、「胸を触るのはやめてください」などと伝えて、ハラスメント行為をストップさせます。セクハラの場合、はっきりと拒絶しないと「受け入れている」と思い違いをする行為者もいるので、毅然として伝えることが肝心です。

このとき、ハラスメントでショックを受けている介護職等にとって、なかなか冷静に対応するのは難しいことです。それでも、大声を出したり、甲高い声で叫んだりなどはせず、できるだけ感情的にならないよう努めます。行為者を刺激し、状況を悪化させる恐れがあるからです。同じ理由から、この時点で「セクハラ」という言葉は使いません。冷静になれないときは、とにかく行為者と離れ、深呼吸をしてから告げるよう試みましょう。

到底我慢できない、あるいは身の危険を感じるセクハラ行為の場合や、冷静に声をかけてもセクハラ行為をやめない場合は、「サービスを続けられない状況なので、これで失礼します」などと伝えて、立ち去ります。身体的暴力同様、訪問系サービスでは、安全な場所まで移動したら、管理者等に連絡を入れます。精神的暴力の場合も、基本的な対応は同様です。

管理者等は連絡を受けたら、身体的暴力同様、職員を安心させる声かけをします。

(4)　職員のメンタルケア

ハラスメントを受けた職員には、事実確認をする前に、まずハラスメントで受けた傷つきや恐怖の気持ちに寄り添うことが大切です。話ができるようであれば、第三者に話を聞かれることがない、安心・安全な環境を整え、１人または２人程度の少ない人数で話を聞きます。セクハラ被害の場合は、同性が話を聞くのが原則です。

「つらかったね」「大変だったね」などと声をかけ、職員が話したいことを自由に語らせ、その話にただ耳を傾けます。「あなたは何も悪くない」という言葉に救われた、という声もあります[50)]。職員の気持ちが軽くなる対応を心がけましょう。

この段階で、整理された話を期待してはいけません。あくまでもメンタルケアと捉え、吐き出される怒りやつらさなどの感情を、否定したり批判したりすることなく、受け止めることに注力します。気持ちが落ち着かない、怒りが収まらない、恐怖から立ち直れないなど、深く傷ついている場合は対話を中止し、メンタルケアの専門家に対応を委ねる方がよいでしょう。メンタルケアのために心療内科やメンタルクリニックを受診する場合も、労災保険扱いになる可能性があります。管理者等はその点への配慮も忘れないようにしていただきたいと思います。

第２節　ハラスメントの事実確認

(1)　職員への聞き取り

ハラスメントを受けた職員の気持ちがある程度落ち着いたところで、ハラスメントが起きた状況についての聞き取りを行います。このときも、安心して話せる場所を用意し、１人あるいは２人で話を聞きます。向かい合って座るより、隣同士や、机の隣り合う２辺、90度の位置に椅子を並べる方が、圧迫感がなく話しやすいかもしれません。ただし、セクハラ行為を受けた場合は、互いの体が近づくことに不安を覚えることもあります。職員の希望を聞きながら座る位置を決めるとよいでしょう。

聞き取りでは、ハラスメント行為が起きる前のハラスメント行為者とのやりとりから、時系列で事実確認をしていきます。「いつも通りにサービス提供していたのに、いきなり殴られた」。そんな訴えのときは、最初に接したところから丁寧に思い出してもらいます。いつもと違った様子はなかったか。どんな言葉のやりとりをしたか――このとき、目をつぶり、頭の中でその場面を思い浮かべてもらうと、見落としていた事実に気づく場合もあります。

聞き取りでは主観的な印象ではなく、できるだけ客観的な事実を話すよう促していきます。「馬鹿にしたような言い方をした」「いやらしい目で見てきた」「イライラしている様子だった」など、主観的な表現で語られたらなぜそう感じたのかを聞いてみましょう。そう感じたのには、何か理由があるからです。その理由がわかれば、ハラスメント行為につながる行為者の心情が見えてくる場合もあります。また、職員の受け止め方の妥当性も判断しやすくなります。

聞き手が心がけるべきことは、ゆったりとした態度で、低めの声でゆっくりと話すことです。ハラスメントを受けたショックが残っていると、話しているうちに感情が高ぶったり、恐怖がよみがえったりすることもあります。そんなとき、「落ち着いて」などいさめるのは逆効果です。そうではなく、「それだけつらかったのですね」「怖い思いをしたのですね」「もう大丈夫ですよ」など、相手の気持ちに寄り添った言葉をかけます。そして聞き手は変わらず落ち着いたトーンで話し、「ゆっくりでいいですからね」などと声をかけ、自分のペースで話せる雰囲気を保ちましょう。そうすれば、職員も次第に落ち着いて話せるようになります。

ただし、ダメージが大きい場合、被害体験の聞き取りによって、そのときのつらさや恐怖を、イメージの中で再体験させてしまう恐れもあります。聞き取りの途中で、呼吸が荒い、話ができない、明らかに顔色が悪い、感情が抑えきれないなどの状態が見られたら、聞き取りは中止した方がよいでしょう。被害状況を聞き取りで追体験させることは、受けた傷をさらに深くえぐり、PTSD（心的外傷後ストレス障がい）の発症につながる場合もあります。決して無理な聞き取りは行わないでください。

また、もう一つ気をつけていただきたいのは、この聞き取りの目的が事実確認であるということです。この段階で、職員の現場での対応について、批判、批評、指導を行うことは控え、指導等は別途機会を設けて行います。この場は、とにかく安心して事実を話してもらうことを意識しましょう。

column

録音・録画の問題について

訪問介護など、マン・ツー・マンで支援を行う訪問系サービスでは、ハラスメントの事実を客観的に証明することが難しい場合があります。そのため、事業所がホームヘルパー等に、スマートフォンで要援護者（利用者）等の暴言や暴力などを録音するよう勧めることがあると聞きます。

一方、利用者・その家族が家の中に「見守りカメラ」を設置するケースも増えました。ホームヘルパー等の支援の様子を確認する意図はなくても、結果として録画が残ることになります。その録画データがどのように利用されるかがわからないままだと、支援する側は不安に感じることでしょう。

この録音・録画問題についてどう考えればよいか、海野宏行弁護士に聞いてみました。

「まず事業所側による録音は、私生活上の言動を無断で録音する点で利用者等のプライバシーが問題となります。しかし利用者等と事業所の会話の録音は、『盗聴』とは違い、プライバシー性が低いと考えます。そのため、事業所側が受けたハラスメントの記録としての録音は、無断で一般公開などしない限り、原則としてプライバシー侵害にはならないと考えられます。

次に、個人情報保護法の観点から。個人情報の取得には、原則として相手方に利用目的を通知する義務があります。ただし、個人情報保護法にはその例外規定があり、そのガイドライン（通則編）3-3-5には『業務妨害を行う悪質者情報等を本人…から取得したことが明らかになることにより、当該情報を取得した企業に害が及ぶ場合』は伝えなくてもよい、というわかりやすい例示があります。つまり、ハラスメント現場の記録としての無断録音は、基本的に法的には問題がないということです」

では、利用者側が介護職等を録画する場合はどうでしょうか。

「まず、無断での録画は、原則として肖像権（無断で撮影されない自由）の侵害に当たります。また、どの事業所も『平穏業務遂行権（平穏に業務を遂行する権利）』を持ち、施設に関しては『施設管理権（施設を目的に合うように維持・管理する権利）』も有しています。これらの権利を行使し、録画行為によって事業者としての適切なサービス提供が困難になるとして、利用者等による撮影禁止をサービス利用の前提条件とすることもできます」

利用者等による録音・録画の禁止を、契約書に明記するという方法もあります。ただし、これについて海野弁護士は、「利用者等に与える印象を十分考慮する必要があります」と指摘します。

契約書への記載は、各事業所の経営判断で決めるべき問題と言えるでしょう。

(2)　周囲への聞き取り

ハラスメントを受けた職員からの聞き取りを終えたら、次に、同じ要援護者を支援している介護職等にも、必要に応じて聞き取りを行います。このとき、ハラスメントを受けた職員に周辺への聞き取りを行うことについて説明し、同意を得ておきましょう。また可能な限り、ハラスメントを受けた職員の尊厳、個人情報の保護に配慮します。特にセクハラ事案の場合、これは重要です。

現実的には、ハラスメントの内容や誰が被害を受けたかなどの個人情報を守ることは難しい場合が多いかもしれません。しかし、ハラスメントを受けた職員が、「配慮してくれている」と感じられる対応を心がけていただきたいと思います。

聞き取りを行う対象は、施設であれば、同じユニット、あるいはフロアの職員、看護職が中心となります。必要に応じて、相談員、ケアマネジャー、リハビリ職等にも意見を求めます。訪問介護であれば、同じ要援護者のサービスに入っているホームヘルパーや、ケアマネジャー、訪問看護、デイサービス等、他のサービス事業所、支援機関にも、確認が必要になる場合もあるかもしれません。その場合は、行為者の個人情報保護への配慮も求められます（個人情報保護については108ページを参照）。どの関係者まで確認するかは、ケース・バイ・ケースです。関係の深い専門職から聞き取り、客観的事実を把握できたという手応えを得られれば、すべての関係者に確認する必要はありません。

---

(3) 行為者への聞き取り

ハラスメントがあった場合、管理者等は行為者にも事実確認をする必要があります。どのタイミングでするかはケース・バイ・ケースです。職員の話が曖昧な場合は周囲への聞き取りで事実関係を把握してから、行為者と話します。

聞き取る管理者等は、特に暴力行為があった場合には、自身の安全確保に注意を払います。行為者には、ゆっくりと落ち着いた声で話しかけ事情を聞きます。このとき心がけていただきたいのは、「なぜ」「どうして」という言葉を使わないことです。「なぜ」「どうして」という問いかけは、「責められている」と行為者に感じさせる恐れがあるからです。不必要な刺激を与えないよう、「お怒りの理由を伺ってもよろしいですか」「職員のどのような言動が不快でしたでしょうか」などの聞き方で、起きた出来事を尋ねます。

精神的暴力やセクハラの場合、行為者に事実関係を尋ねても、「何もしていない」「そんなつもりはなかった」「大げさだ」等、ハラスメントの事実を認めず、取り繕うケースがしばしばあります。内心、「言いすぎた」「やりすぎた」などの思いがあっても、正面から指摘を受けると、それを認められないこともあります。

このとき、認めようとしないのに問い詰めたり、ハラスメント行為を咎めたりすると、追い詰められた行為者が暴力に及ぶなど思わぬ行動に出る場合もあります。「偶然、胸に当たっただけだ」などと主張してくる場合、「偶然は何度も起こりませんから、次にあったら偶然とは見なしません」と伝えておくもの一つの方法です。

(4)　情報の整理

ハラスメント行為についての情報が集まったら、客観的事実に焦点を当てて、以下のような情報を整理しておきます。行為者と職員の言い分が異なっている場合は、周囲からの聞き取りも含めて検討し、言い分の妥当性を判断します。

- 当日、行為者の心身の状態はどうだったか
- 職員の心身の状態はどうだったか
- ハラスメント発生前、行為者、支援の現場等に普段と異なる状況はあったか
- 職員の支援に普段と異なる部分があったか
- 職員のどのような支援、言動のあとハラスメントが発生したか
- どのようなハラスメントだったか
- 職員は、何がハラスメントの引き金だと感じているか

そして、以下のようなことを検討します。検討するメンバーは、事業所ごとに異なると思いますが、介護事故や虐待対応と同様、直属の上長、管理者、本部職員などが考えられます。

- もともとの要援護者のアセスメントから、ハラスメントの可能性を想定していたか
- 想定していたハラスメントに対する事前対策はできていたか
- 発生したハラスメントは想定外のものだったか

- 発生したハラスメントを避けるすべはなかったか
- 周囲の専門職はハラスメントの可能性をどう見ていたか
- 職員の支援に気になる点はなかったか

検討した結果、問題が大きく、事業所全体としての対応が必要になる可能性がある場合などには、事業所の経営陣にも報告を上げておきます。また、行政への報告・相談、場合によっては警察への相談も検討します。これは、ハラスメントの深刻化による契約解除や警察への被害届の提出、訴訟なども視野に入れた対応です。

第３節　対応を協議

(1)　ハラスメントの原因を分析

情報を整理し、検討を行うと、ハラスメントが発生した原因はある程度見えてくるのではないでしょうか。個々のハラスメント事案によって原因は異なりますが、一般に下記のような原因が考えられます。もちろん、下記以外にも様々な原因がありますので、これに当てはめて考える必要はありません。

なお、要援護者のもともとの性格傾向や疾患、障がいなどを原因と考え、そこで思考停止してはいけません。その理由は、第２章第１節で述べた通りです。

- 心身の状態についてのアセスメントが不十分、あるいは不適切だった。そのために、適切な支援が提供できていなかった
- ハラスメントリスクを想定できていなかったため、適切な事前予防策をとれなかった
- 当日、要援護者の心身の状態が悪く、いつも通りの支援を提供していたが、過剰反応が起きた
- 当日、職員の心身の状態が悪く、いつも通りの支援が提供できていなかった
- 要援護者・その家族には支援のあり方への不満が募っていた。しかし、それに気づけなかった
- あるいは、不満に気づいていたが適切に対応できていなかった

⑵　原因に応じた対応・再発防止

ハラスメントの原因について、ある程度の分析ができたら、原因に応じた再発防止策について検討します。

Ⅰ．心身のアセスメントが不十分だった場合

心身のアセスメントが不十分だったと考えられる場合は、アセスメントスキルが不十分なのか、アセスメントそのものについての理解、認識が不十分なのかを検討します。

アセスメントスキルが不十分なのであれば、聞き取りの方法、聞き取った情報の分析の方法など、どのようなスキルが不足しているのかを分析し、必要に応じた研修を行います。

アセスメントについての理解、認識が不足していた場合、アセスメントは、関わりを深めていく過程で更新されていくものであるという認識を、再度確認します。初期に十分なアセスメントができていないとしても、それが問題なのではなく、初期のアセスメントを更新していないことが問題だということです。

そもそも、要援護者の全体像を把握することは容易ではありません。それでも、要援護者に対して適切に関心を寄せていると、どこに注目すべきか、何に気をつけるべきかということは、次第に見えてくるものです。

また、要援護者等のアセスメントはハラスメントリスク要因がないかという視点も持って行う必要があることを、第５章第４節で述べました。しかし、まだそうした意識が十分浸透しているとは言えません。リスク要因を把握できていなければ、事前に対策を検討することはできないでしょう。適切な支援をしていくために、自分たちの身を守るための情報収集も必要であることを、改めて意識していただきたいと思います。

Ⅱ．要援護者の心身の状態が悪かった場合

介護職等は、支援の際に要援護者を観察することが当然のように身についているはずです。しかし、支援がルーティンになると、要援護者としっかりと向き合わず、時に変化を見逃してしまうことはないでしょうか。

特に見落としがちなのは、要援護者の心理面での変化です。普段より口数が多い。しばしば目が合う。あるいは、全く合わない。そんな普段と違う様子が見られたときは、注意深く見守る必要があります。そうした変化を見せることは、いつもと違うことに気づいてほしいという要援護者の無意識のアピールの場合もあります。

無意識のアピールに気づかないままだと、要援護者は失望し、それがいらだちや怒りに変わる場合もあります。そして、そのいらだちや怒りが、ハラスメントにつながることもあります。

支援に入る際は、常に要援護者に細やかな注意を向けておく。そんな基本を、職員と共に改めて確認しておきます。

Ⅲ．職員の心身の状態が悪かった場合

職員の心身の状態が悪く、それがハラスメント発生の原因と考えられる場合、なぜその状態のまま支援に当たることになったかについての検証が必要です。

体の不調であれば、次のような視点で検証します。体調不良に気づいていなかったのか。体調不良を言い出せない職場環境なのか。体調管理ができていないのか。それによって対応は異なります。

体調不良に気づけない、体調管理ができていない場合は、指導が必要です。同時に、部下の体調不良に気づけない管理者等も、自身の注意力と観察力を省みる必要があります。

訪問介護など直行直帰の場合、シフトが入っている日には、サービス提供責任者が電話をかけて、その日の体調を確認することを

ルール化するなどの取り組みも有効です。第５章第２節のコラム（134ページ）で紹介した、通信手当を支給している訪問介護事業所の取り組みなども参考にしていただければと思います。

もし職員が休めば迷惑がかかると考え、体調不良を言い出せないとしたら、それは問題です。体調不良がハラスメントや事故などを招けば、かえって職場に与える影響は大きくなります。これも、管理者等が、職員が体調不良等を申し出しやすい環境整備を心がけることが求められます。

一方、職員が心理面での問題を抱えていることが、ハラスメント発生に関係している場合もあります。職場にプライベートな事情を持ち込まないことは、社会人としての基本です。しかし、身内の病気や事故など、大きな心理的ダメージを与える出来事があったときには、強い精神を持つ職員であっても心理的に大きく動揺することがあります。そんなときは休暇を申し出てもらうなど、よい心身の状態で支援に当たれる職場環境の整備が必要です。

また、中には友人関係や家庭内でのトラブルなどの心理的ダメージが、支援に影響しやすい職員もいます。

職員のそうした傾向については管理者等が日頃から十分把握し、新規の要援護者や対応に細やかな配慮が必要な要援護者の担当を避けるなど、シフトの工夫が必要です。

心理的ダメージで感情が揺さぶられやすい職員には、感受性が鋭く、要援護者の気持ちに寄り添うことが得意な人もいます。揺れやすい感情は先輩や上司がそばで見守り、支える中で経験を積んでいけば、徐々に振れ幅が小さくなっていく場合が多いものです。職員のマイナス面だけではなくプラス面にも目を向け、育成していっていただきたいと思います。

Ⅳ．要援護者・その家族に支援への不満が募っていた場合

支援開始当初など、要援護者・その家族の望む支援と介護職等が提供する支援に、ミスマッチが生じることは珍しくありません。それは多くの場合、徐々にすりあわせていくことで解消できます。

しかし、中には支援に不満があっても口にせず、不満や拒否、怒りなどを非常にわかりにくい形で表現する人もいます。例えば、物忘れはないのに、訪問介護に行くとしばしば不在で、サービスがキャンセルになる。食事の介助をすると、特定の職員が介助するときだけうっかり器をひっくり返す、などです。

それは本人が意識的にとった行動の場合もあります。しかし、実は、本人も意識していない場合が少なくありません。こうした行動を「受動的攻撃」といいます。あからさまに拒否したり、不満や怒りを表現したりする代わりに、そうした感情を消極的な態度や行動で表現するのです[51)]。「口では言えない私の気持ちをわかってよ」という思いが背後にある態度・行動です。

「受動的攻撃」は、要援護者等が介護職等に対して負の感情を持っているにもかかわらず、「あなたが私を嫌っているから」と、あたかも介護職等が要援護者等に対して負の感情を持っているかのように振る舞う形で表現されることもあります[51)]。これは、自分自身の中にある負の感情を認めたくないために起こる、自分の心を守るための「投影」というメカニズムです。介護職等がこれに巻き込まれると、要援護者等に対して、本当に負の感情を持つようになってしまうこともあります。

こうした「受動的攻撃」を受けても、当初はなかなか気づきません。繰り返し起きることでようやく気づける場合が多いと言われています[51)]。なぜこのような行動をとるのかは、一概には言えません。ただ、「受動的攻撃」は、支援を受けなければならない、服従を強いられているなど、弱い立場に置かれた無力感によっても起

きることが指摘されています[51)]。

認知症がある人による「受動的攻撃」に類する行動、態度は、「専門職の言うこと（やること）に納得していません」という、「不同意メッセージ」とも呼ばれています[52)53)]。「不同意メッセージ」には、「服従」「謝罪」「転嫁」「遮断」「憤懣」の５つがあります。

このうち、「服従」は、「靴を脱いで」「荷物を置いて」といった、介護職等からの指示に、実は従いたくないのに、渋々従っているときに発せられるメッセージだと言われています。要援護者が指示通りに動いてくれていると、拒否的な気持ちでいることに介護職等はなかなか気づきません。そのため、要援護者の我慢に限界が来て、怒りを爆発させたときに初めて、不満を感じていたと気づくことがあるというのです[52)53)]。

ハラスメントの再発を避けるためには、こうした様々な形で表される不満を高い感度を持って汲み取り、適切に対応していく必要があります。それは容易ではありません。だからこそ、一人の職員にその責任を背負わせることは避けなくてはなりません。複数の目があれば、要援護者の不満を汲み取れる可能性は高まります。

対応の難しい要援護者については、複数の職員で担当する体制をとり、それぞれが注意力と観察力を発揮する。そして、各職員が汲み取った要援護者の思いと望ましい対応を持ち寄り、支援に際してどのような配慮と工夫をすればよいかを検討する。そんな仕組みづくりが必要だと言えるでしょう。

第４節　ハラスメント行為者への対応

(1)　支援・対応方法を変更する

事実関係を把握し、原因の分析と対応、再発防止策がまとまったら、次はハラスメント行為者への対応です。ハラスメントを受けた介護職等が、「二度と担当できない」レベルのダメージを受けたのでなければ、まず考えられるのは支援・対応方法の変更です。

前節で述べたような様々な視点から、各事業所がそれぞれの事案に応じて検討した対応策を実践していきます。しかし、新たな対応策でピタリとハラスメントが収まるケースばかりではありません。むしろ、検討、実践、再検討と、試行錯誤を繰り返してようやく落ち着いてくることの方が多いと思います。

落ち着いたと思うと、また新たな問題、新たなハラスメントが発生することもあります。人は誰しも、固定した存在ではありません。その日の気分、体調によっても物事の受け止め方は変わります。それは行為者サイドの問題だけではありません。介護職等も、日々異なる気分や体調でその日を過ごしています。揺れ動きながら過ごす両者の関係もまた、日々、揺れ動きます。昨日は功を奏した対応が、今日は全くうまくいかなかった。そんなことは、あって当然だと捉えるべきなのです。

行為者との関係を近視眼的に捉えると、ハラスメントへの対応は、どうしてもその問題を抑え込む「対症療法」になります。それは極端に言えば、暴力をふるう人は縛り付けておく、薬でおとなしくさせる、ということにつながる対応です。

そうではなく、暴力をふるい、暴言を吐いて威嚇するその人の背後に何があるかをできる限り知ろうとする。そして、背後にあるものを見出し、理解を示す。その理解から新たな対応を考えていく。長期的な視点での努力を続けることが、ハラスメントを減らしていくことにつながるものと思います。

一方で、シンプルな体制変更によってハラスメントに対応できる場合は、早急に対応を検討すべきと考えます。例えば、セクハラへの対応としての同性介助や、セクハラ、暴力への対応として、訪問サービスでの２人体制での訪問などです。これもシンプルな解決策とはいえ、人員等の問題から対応できる事業所ばかりではありませんが、可能であれば検討、導入していただきたいと思います。

また、職員側の対応に改善の余地がある場合には、よりよい対応を指導し、改めることが必要です。その際、「対応がよくなかった」という言い方をすると、ハラスメントで傷ついた職員がさらに心にダメージを負いかねません。「よりよい対応がある」「リスクマネジメントとしてこういうことが必要だ」という伝え方をするなど、職員を傷つけることなく改善を図ることを心がけたいものです。

(2)　担当職員を変更する

対応方法を変えるだけではハラスメントが収まらない場合は、担当職員を変更し様子を見ます。

ハラスメントは、担当職員を変更するだけで収まるケースがしばしばあります。特にセクハラの場合、担当変更は有効な対応策です。セクハラを繰り返すケースでは、担当を同性に限る対応が最も効果があります。

一方で、職員にとっては担当変更が新たな心理的ダメージになる場合もあります。「はずされた」という疎外感を持ったり、愛着のあるフロアやユニットから離れるつらさを感じたりすることがあるからです。また、「苦手」と感じる要援護者を避けることは、職員のキャリア形成上、マイナスになることも考えられます。担当変更をするかどうかは、管理者等が一方的に決めるのではなく、必ず本人の意向を丁寧に確認しましょう。

なかなか担当変更の決心がつかず、気持ちが固まるまでに時間がかかることもあります。管理者等からすると、対応を早く決めたいという思いに駆られるかもしれません。しかし、ハラスメントを受けて傷ついている職員にさらに心理的ダメージを与えることがあってはなりません。職員が納得できるまで、話し合い、考えてもらう時間を用意することが大切です。

(3) ハラスメント行為者と話し合う

対応を変えたり、担当職員を変更したりしてもハラスメントが収まらない場合は、時間を設けてハラスメント行為者ときちんと話し合う必要があります。多くの場合、管理者等が出向くこととなるでしょう。その際、在宅サービスであればケアマネジャーや地域包括支援センター職員など、第三者に同席を依頼しましょう。

当事者だけだと、言葉の行き違いや記憶違いが起こりやすく、しかも、あとから確認することが難しくなるからです。施設の場合も、現場のリーダーや管理者だけで聞き取るのではなく、相談員やケアマネジャーなども立ち会うとよいでしょう。

また、要援護者の現状を知っておいてもらうためにも、話し合いにはできれば家族に同席を求めたいものです。その際、あらかじめ家族にハラスメントの事実と、話し合いの目的を伝え、行為者が受け入れてくれるようサポートを依頼できると理想的です。

とはいえ、家族にとって身内のハラスメント行為について聞かされるのは愉快なことではありません。突然、ハラスメント行為があること、それを改めないとサービス中止もあることなどを一気に伝えられては受け止めきれないでしょう。

ハラスメントは、大きな問題に発展する前に小さな問題が何度か起きているものです。家族には、そうした小さな問題が起きたとき、耳に入れておきます。実はこういうことが起きています、今はこのように対応しています、また報告します、というように。そうした報告が何度かあれば、大きな問題が起き、それについての厳しい話を聞かされても、家族も少しは受け止めやすいはずです。

支援は、要援護者と介護職等だけで行うものではありません。たとえ施設等に入所していたとしても、家族も支援チームの一員なのです。そのことを、日頃から家族に意識してもらえるよう働きかけておくことが大切です。

行為者への事実確認では、職員からハラスメントに当たる行為についての訴えがあったことを改めて伝え、把握した客観的事実を話します。行為者側の言い分を聞き、職員の側に何か落ち度があった場合は、それについて謝罪し、対応を改めることを伝えます。

クレーム対応などでは、「謝ると責任を追及されるから謝らない」という考え方もあります。しかし対人関係において、どちらか一方だけが100%悪いということはほとんどありません。謝るべきは謝る。その際には、「範囲を限定して」謝ります[54)]。「約束の訪問時間に遅れて不安にさせてしまいました」「移乗のときに、足をぶつけて痛い思いをさせてしまいました」など、詫びるポイントを伝えて謝ると責任の範囲が限定されるからです。漠然と謝り、行為者に「詫びてくる→事業所が悪い」という誤解を与えないよう、こうした「限定的な謝罪」（部分謝罪）を意識しましょう。

しかし同時に、たとえ職員に何らかの落ち度があったとしても、職員に対する行為は不適切であること、職員がもう担当することはできないと言うほどのダメージを受けていること、今後はそのような行為はやめてほしいことを、しっかりと相手の目を見て、低い、ゆっくりとした声で伝えます。

このとき心がけるのは、冷静で落ち着いた声と態度です。相手が興奮しても威嚇しても、一貫して態度を変えないことが、相手の態度も落ち着かせていきます。

ハラスメント行為を認めない行為者もいます。それでも冷静に、十分な聞き取りを行っており、事業所としてハラスメントは事実だと考えていると伝えます。そして、このようなお願いをするのはよいサービス提供、よい支援をしたいと考えているからであり、それには要援護者・その家族の協力が不可欠であることを丁寧に話します。ここが、行為者との対応で伝えるべき最も大切な部分です。

丁寧に申し入れをしても聞き入れてもらえない場合は、厳しい話もする必要があります。行為を改めてもらえないと、契約時に説明した通り、サービス提供を中止せざるを得ない場合もあることを、ここで改めて伝えます。

この申し入れを聞き、憤慨する行為者もいるでしょう。それでも、あくまでも事業所としては、要援護者を大切に思うのと同様に、職員のことも大切に思っている。だから、職員を傷つける行為を許すわけにはいかないことをきっぱりと伝えることが大切です。

ただし、行為者が興奮し、話し合いの継続が難しい状況になったら、無理をしないことです。その日は退出し、日を改めて話し合いをする方がよいでしょう。

また、ハラスメントに限らず対人関係でトラブルが生じる原因の一つに、相手を自分の思い通りにコントロールしようとする意識があります。自分に意思があるように、当然、相手にも意思があります。相手を思い通りに動かそうとすればするほど、人間関係はこじれていくものです。

ハラスメントを認めようとしない行為者に、何とか認めさせようとすると状況は悪化します。「認識に違いがあるようですが、今後は不愉快なことが起こらないよう、お互いに配慮し合うことができればと考えています」などと伝え、場を納める方が得策です。コントロールを手放すことが、人間関係をシンプルにしていくのだと認識しておきましょう。

第７章
ハラスメント対応の課題

　要援護者・その家族からのハラスメントに対応するに当たり、難しさを感じる課題は多々あります。ここでは４つの課題を取り上げます。そして、あえて大まかな情報しかない架空の事例を用いて、ハラスメントが起きた際、どこに注目し、どのような点に気をつけて対応すべきかを検討します。

第１節　職員による許容範囲の違い

【事　例】
訪問介護で。
もと大工の男性要援護者を担当するホームヘルパーは、曜日によって、月本さんと水木さんの２人。この男性は耳が遠いため声が大きく、しばしば怒っているような話し方をします。水木さんは、この男性の話し方に恐怖を感じ、ハラスメントを受けていると訴えますが、月本さんは気にならないと言います。
この場合、何に気をつけて対処しますか？

(1)　注目すべきは「恐怖を感じていること」

ハラスメントの境界線は一般社会においても、法整備が進みつつある今も曖昧なままです。一人がハラスメントだと訴えても、ほかの人はそうは感じていない。そんなケースは多々あります。
どこからがハラスメントに当たるのかの判断基準の一つは、一般的には「就業環境が害されていないかどうか」だとされています。「ハラスメント」とは、「改善を求める必要がある行為」と捉えることが大切です。一方で、繰り返しになりますが、「ハラスメントか否か」を問題にすることにはあまり意味がないことも承知しておく必要があります。

このケースでは、男性の話し方が水木さんには怒っているように聞こえていても、やってほしいことを伝えようとしているだけかもしれません。その場合、改善を求める必要があるほど不適切だとは言えないこともあります。

しかし、水木さんが男性の話し方に「恐怖を感じている」のも事実です。たとえ話し方が改善を求めるほどではないとしても、水木さんが「恐怖」を感じることが、「間違っている」ことにはなりません。人の感じ方に「正しい」も「間違い」もないのです。

「悪気はないのだから受け止めて」「それぐらい我慢しないと」「慣れれば大丈夫」。こうした言葉で、水木さんが感じている「恐怖」を軽く扱い、対処を怠るのは適切ではありません。

(2)　対応策：感じている恐怖を軽減する

この事案で焦点を当てるべきなのは、「行為者に言動の改善を求める必要があるか」、そして、「どうすれば水木さんが恐怖を感じることなくサービス提供できるか」という２点です。この２点への対応を考えていきます。

まず水木さんに、この男性とやりとりをしていて、どういうときに恐怖を感じるのかを詳しく振り返ってもらいます。サービス提供中、ずっと恐怖を感じるようなやりとりが続いているとは限りません。恐怖を感じるきっかけとなるのはどんなことかを探ります。

例えば、この男性は聞き取れなかったことを聞き返すときに「何だと！」と大きな声で言う癖があり、水木さんには、それが怒っているように聞こえて怖くなるのだとします。であれば、この男性のすべての物言いに「恐怖を感じている」のではないとわかります。

もし、「何だと！」が恐怖を感じる引き金になっているなら、耳の悪い男性に聞き返されることがないよう、大きな声でゆっくりとわかりやすく伝える対応で回避できるかもしれません。このように、原因を丁寧にひもとき、対応を考えていくことは大切です。

怒鳴るような話し方の男性が苦手だと感じている場合、最も簡単な対応は担当を変更することです。実際、要援護者と介護職等との相性を見ながら担当を決めることも、管理者等の大切な役割です。水木さんのケースでも、希望を確認し、担当を変更することで決着させるのも一つの解決策です。

ただ、その場合、水木さんは今後も、「怒鳴るような言い方の男性」を担当するのが難しいままとなるかもしれません。それは水木さんの介護職等としてのキャリア形成において、マイナスになる可能性もあります。このケースは訪問介護ですが、特に施設等の職員の場合、管理者等はそうしたことも含め、職員と十分に話し合い、希望を確認することが大切です。

原因がわかったら、水木さんにどうしたいかを確認します。やはり担当を変わりたいと希望する場合は、希望に沿った対応を行います。もし水木さんが、恐怖心を克服したいと考えるのであれば、担当を継続する中で慣れていけるようサポートします。

可能であれば、水木さんが大きな声で強く言われることが得意でないことをこの男性に伝えておきます。そして、「できる範囲で、ソフトな話し方を心がけてもらえるとありがたい」と申し入れてみます。改善を求める、というほどでない場合も、こうした「お願い」をしてみることは有効です。

身についた長年の習慣は簡単には変えられないことが多く、実際には男性の行動修正にはつながらないかもしれません。しかし、水木さんの得意でない物言いを知ることで、水木さんが時に恐怖で動けなくなったとしても、その理由を男性は理解できるようになります。理由がわかるだけで、その場の雰囲気、２人の関係性は変わっていくかもしれません。

水木さんには、恐怖を感じ、動けなくなったときは、大きく深呼吸すること、「少しはずします」と言って、男性からいったん離れて気持ちを落ち着かせるなどの対処法をとるよう指導します。深呼吸や、場所を変えて気持ちを落ち着かせる「タイムアウト」は、介護職等が要援護者に怒りを感じたときなどにも有効です。

このような対応をとることで、管理者等は、水木さんが男性の担当を続けられるかどうか、怒鳴る男性に慣れていけるかどうかを、水木さん自身の思いを確認しながら見極めていきます。

【ポイント】

- 行為者の言動が、改善を求める必要があるレベルかどうかを判断する
- 介護職等が「恐怖を感じている」ことを軽く扱わない
- 担当変更は、介護職等のキャリア形成も考えて行う
- 「タイムアウト」等、気持ちを落ち着かせる方法を取り入れる

第２節　行為者と職員の言い分が違うとき

【事　例】

訪問介護で。

認知機能のしっかりしている一人暮らしの男性要援護者を訪問した、女性ホームヘルパーの横山さんが、この男性に胸を触られたと言って泣きながら帰ってきた。

サービス提供責任者の加藤さんが、この男性にさりげなく事情を尋ねたが、「特に何もなかった」と言う。

この場合、何に気をつけて対処しますか？

(1)　ハラスメントを認めたくない心理

ハラスメントを受けた職員の訴えと、ハラスメント行為者の言い分が異なることは珍しくありません。すでに述べたように、管理者等が行為者に問うと、セクハラや精神的暴力の場合、「そんなつもりではなかった」「何もしていない」等、自分のした行為を認めようとしないケースがしばしばあります。

その理由として、セクハラや精神的暴力に及んだことについて、行為者が後ろめたさを感じていることが考えられます。

セクハラや精神的暴力は、相手を選んで行われることが多いハラスメントです。介護職等の側から言うと、残念ながらセクハラや精神的暴力を受けやすいタイプがいるということです。そうした介護職等に非があるわけではありません。むしろ、我慢強く、攻撃を受けてもやり返さずに受け止める力があるが故に、セクハラや精神的暴力に遭いやすいケースもあります。要援護者・その家族の中には、無意識のうちにそうした相手を選び、日頃感じているストレスや欲求を不適切な形で介護職等にぶつけてしまう人がいます。

何らかの支援を必要とする要援護者は、支援を必要としている状況自体に、解消しがたいストレスを感じていることが多いものです。それ以外にも、家族など、本来、向けるべき相手にストレスや欲求を向けられないまま、抱え込んでいるケースもあります。

そうしたストレスなどを、介護職に向けてぶつけてしまう。それが無意識のストレス発散であったとしても、多くの場合、不適切な行為であることは自覚しています。自分自身のストレス発散のために、介護職等を不当に利用し、尊厳を傷つけた。そのことに対する後ろめたさを感じているからこそ、正面から問われると認めることができないことがあります。

セクハラの背後には、支配的な「男性性」の問題や[55]、「自分を一人の人間として認めてほしい」という「承認欲求」があることも指摘されています[42]。支援が必要な状態になり、他者から承認が得られるような関係づくりが難しくなったために、介護職等の支援者に対する一方的な要求という形で表現されてしまうのです。

また、男性からの女性に対するセクハラの背後には、生育歴、生活歴の中で培われた、「女性は思い通りに扱ってよい」などの「認知のゆがみ」が根底にあることも考えられます。

(2) 対応策：不適切行為を無理に認めさせなくてもよい

被害を訴えている横山さんが落ち着いたら、何があったのかを時系列で聞き取ります。多くの場合、職員の日頃の言動から、ハラスメントについての訴えがあれば、その妥当性の高さは判断できるものです。しかし、行為者との言い分が異なっている場合は、念のため、周囲からも聞き取りを行い、妥当性を補強します。

このケースでは、男性を担当するケアマネジャーや他のサービス関係者にも、セクハラに類する行為がなかったかを確認します。聞き取りの際は、行為者とセクハラを受けた職員双方の個人情報の保護に十分注意します。

情報が集まったら客観的事実を整理し、横山さんの報告と男性の話のどちらの方が、より妥当性が高いかを判断します。

横山さんには、この男性の担当を交代したいか、しばらく休みたいかなど、希望を確認し、要望に応じた対応をとります。セクハラの場合は、職員に対処できるよう努力してもらうようなことではありません。希望があれば、担当を交代する必要があります。

それから、男性と話し合う機会を設けます。女性に対するセクハラ行為のある男性要援護者は、女性に対してバイアスがかかった見方をしているケースがあります。女性へのセクハラ事案に関しては、できるだけ男性の管理者等が対応する方がよいでしょう。

男性には、横山さんに対してとった行為について報告を受けたことを伝えます。横山さんや周囲の専門職から聞き取った情報を検討し、横山さんに対して容認できない行為があったと、事業所として判断したことを伝えます。男性が自分のした行為について認めようとしない場合、認めてもらうことに力点を置く必要はありません。そこで争うより、事業所の今後の対応をきちんと伝え、受け入れてもらうことの方が大切だからです。「行き違いがあったのかもしれませんが」と言葉を濁すなどにより、話を続けます。

横山さんが交代したいという希望であれば、今回のことで職員がショックを受けて担当をはずれることを希望しているので、交代させることを伝えます。そして、こうした理由で交代させなくてはならないのは非常に残念であること、今後はこのような行為はやめてほしいことなど、ハラスメントを許さないという事業所としての姿勢を冷静に話します。

もし横山さんが担当を続けたいと希望する場合は、その旨を伝えます。同時に、今後、同じことがあった場合には、本人が望まなくても担当を変更する等、事業所としての方針を示します。

上から物を言うのでもなく、下からこびるのでもなく、冷静に、毅然として言うべきことを伝える姿勢が大切です。

また、こうした話し合いをしてもなお、セクハラ行為が続く場合は、同性のみの介助とします。同性介助が難しい場合は、２人体制での訪問を要請します。それが受け入れられない場合は、今後は担当できる職員を確保できなくなる可能性があり、契約を解除せざるを得ないと伝える必要もあります。

セクハラ事案に限らず、ハラスメントが起きたときは、行為者とのやりとりも含め、すべて記録に残すことが大切です。特に契約解除を伝えるときには、記録に基づいた説明が必要になります。セクハラのあった日時や内容、話し合いの内容など、具体的な事実を記した文書を作成し、時系列で示せば、行為者に説得力を持って伝えることができます。

ただし、その場合、契約書に契約解除条項を設け、どのような場合に事業者側から契約解除を求めることができるかを明記した上で、契約を結んでおく必要があります。契約書の記載事項については、第９章を参照してください。

【ポイント】

- 客観的事実から、職員からの報告と行為者の話のどちらの妥当性が高いかを判断する
- セクハラ事案の場合は、職員に無理をさせず、担当交代を希望するなら、そのように対応する
- 行為者に無理に認めさせる必要はないが、事業所としての判断と要望は、毅然と伝える
- セクハラ行為、行為者との話し合いの具体的な内容は、すべて記録に残す

第３節　解決できないと考えがちな問題

【事　例】

特別養護老人ホームで。

脳血管性認知症で右半身に軽いマヒがあり、怒りっぽい男性入居者。食事や入浴の時に声をかけると、いきなり職員を怒鳴りつけたり、歩行具をわざとぶつけてきたりします。入所時に好きだと聞いた麻雀に誘っても、「うるさい、放っておけ」と大変な剣幕で怒鳴りちらすので、職員は怯えています。

この場合、どう対応しますか？

(1)　どんな行動にも理由がある

介護などの現場で「不適切な行為」をする要援護者に、認知症や統合失調症などの疾患があるケースはしばしばあります。それが「ハラスメント」ではないとしても、そうした疾患を「原因」と考え、「病気だから仕方がない」「我慢するしかない」と考えるのは適切ではありません。

このケースでは、この入居者がなぜいきなり怒鳴りつけたりするのか、職員はわからないまま怯えています。疾患があってもなくても、人の行動にはすべて理由があります。しかし時に、介護現場では、「認知症があるから仕方がない」とレッテルを貼り、そこで思考停止してしまうことがあります。そして怒鳴る理由を考えず、「あの人はすぐ怒るから」と、腫れ物に触るように接したり、積極的に関わるのをやめてしまったりするのです。

なぜそんな対応をしてしまうのでしょうか。

人は誰でも、曖昧な状態を保つことが苦手です。この入居者がなぜいきなり怒鳴り、こづくのかわからない。麻雀に誘うとなぜ怒鳴るのかもわからない。理由がわからない曖昧な状態は、人を不安にさせます。だから、早く答えを見つけて安心したくなるのです。「認知症があるから」と考えるのは、最も簡単に手に入る答えです。このとき職員は、簡単な答えを手に入れ、楽をして安心しようとしていると言えるかもしれません。

本来であれば、いきなり怒ったり怒鳴ったりする理由を「わからない」ままにせず、様々な視点から解きほぐして考えていくことが必要です。もちろん、職員は何も検討せずにいるわけではないでしょう。それでも、一般に、諦めるのが早い介護職等がいることは否めません。簡単に答えが見つからなくても、要援護者の言動の背後にあるものを考え続けること。答えを探し続けることにこそ、介護職等の専門性があるのではないでしょうか。

対応を変えてみる。しかしうまくいかない。また違う対応を考え、やってみる。そんな繰り返しの中で、少しずつうまくいくことが増えていくものと思います。今日うまくいった対応が、明日にはうまくいかないこともあります。有効だった対応が、病状の進行で功を奏さなくなることもあります。それでも諦めずに考え続け、取り組み続けることが、「不適切な行為」を減らしていくはずです。

(2) 対応策：怒る理由をあらゆる角度から探る

まず、この入居者のアセスメントの記録を読み直し、食事や入浴にこだわりがないかを確認します。特に記載がない場合は、家族に協力を仰ぎ、詳しい聞き取りを行います。その時点で、怒る理由のヒントが見つかる場合もあります。

怒る、怒鳴る、こづくという反応は、同じように見えて必ず違いがあるはずです。その違いと、怒る、怒鳴る、こづく理由を探るため、詳細な記録をとります。食事、入浴、麻雀等で声をかける前後の様子、声のかけ方、声をかけた時間など、とった対応とそのときの反応を記録します。それを比較検討すると、とった対応による反応の違いが見えてくるはずです。

例えば家族の話から、生活習慣へのこだわりが強く、自宅でも決まった食事の時間から少しでも前後するとひどく腹を立てていた、とわかることもあります。それなら、希望の時間に合わせて食事を提供できれば、「不適切な行為」はなくなるかもしれません。希望通りの時間に対応するのが難しい場合は、事前に何時から食べられるかを伝えれば、それで気持ちが落ち着くことも考えられます。

トイレに行きたいと思っているときに声をかけられると、追い払いたくなるということもあります。麻雀は、右半身のマヒで以前のようにうまくパイを扱えないために、やりたくないのかもしれません。あるいは、認知症の進行でうまくできないことが、不安なのかもしれません。それを自分自身で認めたくないために、怒鳴り散らしてごまかしていることも考えられます。

第２章第１節で述べたように、「認知症」という病気でくくるのではなく、この入居者を丁寧に見つめていけば、見えてくることはたくさんあるはずです。そうして見えてきた行動や反応の傾向から、「不適切な行為」を回避できる対応を探していきます。

前述の通り、それは試行錯誤の繰り返しを続ける長い道のりとなることもあります。しかし、「不適切な行為」を完全に防ぐことはできなくても、軽減できる方法は見つかるはずです。何より、この入居者について職員が深く理解することで、同じ「不適切な行為」があったとしても、受け止め方が変わっていくものと思います。そしてそうした配慮、努力は、必ず本人にも伝わります。

「不適切な行為」への対応を考えるにあたっては、「脳血管性認知症」など疾患についての知識の習得も必要です。しかし、それは基礎知識として蓄えておき、いったん頭からはずして要援護者本人と向き合うことが大切です。

脳血管性認知症なら「まだらボケ」が、前頭側頭型認知症なら「時刻表的行動」があるのでは…など、疾患からその人を見るようなことがあってはなりません。代表的な症状は、その疾患を持つ全員に現れるものではないのです。疾患の知識を得ても、それにとらわれることなく、まず、要援護者その人をしっかりと見て、理解することを心がけます。

このケースは、認知症のある人を取り上げましたが、第２章第１節で述べたように、もともとの性格傾向や生活歴から「不適切な行為」につながるケースもあります。そうしたケースもまた、「解決できない」と考えてしまいがちです。しかし、これも認知症同様、丁寧なアセスメントと行動観察から対応の検討を重ねていくことで、「不適切な行為」をある程度軽減していけることと思います。

【ポイント】

- アセスメント記録、家族への聞き取りから、「不適切な行為」の原因を探る
- 職員の対応と要援護者の反応を詳細に記録し、その記録から対応方法を検討する
- 疾患から要援護者を見るのではなく、まず要援護者自身を見つめ、理解するよう努める
- 要援護者のことを詳しく知ろうとすること自体が、意味を持つ

第４節　職員への二次被害の問題

【事　例】

訪問リハビリテーションで。

少しでも痛みを伴うリハビリプログラムを促すと、「痛くてできないと言っているのにどうして無理強いするの！あなたのようないじわるな人、これまで会ったことがないわ」と言って、毎回のように人格攻撃をしてリハビリを拒否する女性要援護者。対応に悩んだ理学療法士の金井さんは、上司に相談しました。しかし、上司は「それぐらいのことはうまく対応して」と取り合ってくれません。同僚に相談したら、「やり方が悪いんじゃないの？」と言われてしまいました。

このケースは何が問題でしょうか？

(1)　二重に傷つけられる職場

すでに見たように、NCCU の「ハラスメント調査」では、ハラスメントを受けた介護職等のうち 73.4％が上司や同僚に相談したにもかかわらず、そのうちの 43.3％は何も変わらなかったと答えています。このケースは、まさに「相談したのに変わらない」状況です。ここで問題だと考えてほしいのは、上司と同僚の対応です。

介護職等にはハラスメントを受けても、「それに対処できない自分が悪い」と考える人が今も少なくありません。

このケースでは、金井さんは要援護者への対応に困り、上司に相談しました。しかし上司は、「それぐらいのことはうまく対応して」と答えます。この回答によって、上司は金井さんに、要援護者に毎回罵倒され続けるのは「それぐらいのこと」であり、「それぐらいのこと」には「うまく対応して当然」なのだというメッセージを送ったことになります。管理者等は、自分の発言が職員に対するどのようなメッセージとなっているかを、意識することが大切です。

金井さんが、さらに同僚にも相談したのは、そのメッセージをそのまま受け入れることができなかったからでしょう。しかし、同僚もまた「やり方が悪い」と言い、上司同様、金井さんを擁護する側ではなく、批判的に見る側に立っています。困り果てて相談した二人から共に批判的に見られては、金井さんが「うまく対処できない自分が悪い」と考えてしまっても不思議はありません。

介護職等は、こうした批判的な上司や同僚の対応によって、自分の専門性への自信を損なってしまう可能性があるのです。

このケースのように、要援護者等からのハラスメント（＝一次被害）で傷ついた上に、さらに相談した上司や同僚からも批判され、二重に傷つけられることを「二次被害」と言います。介護の職場では、いまだにこの二次被害が少なくありません。

介護など対人援助の現場での要援護者・その家族からのハラスメント被害は、どれほど対策をしても、100％防ぐことは難しいかもしれません。しかし、職場でのこのような二次被害は、管理者や同僚の心がけ次第で、100％防ぐことができるはずです。

管理者等はその認識を持つことが大切です。

(2) 対応策：行為者対応以上に職場改善が必要

相談を受けた上司は、毎回人格攻撃を受けている金井さんを、まず一言、「大変な思いをしているね」等、ねぎらってほしいものです。たとえ支援方法に不十分な点があったとしても、現実に金井さんは強いストレスにさらされているのです。上司がそのつらさに共感を示すことで、金井さんは安心して相談できます。

金井さんがこの女性に行っている支援について、上司が詳しく内容を確認するのはそれからです。初期の機能評価は妥当なのか。目標は、女性と相談しながら設定し、本人も納得しているのか。目標達成のためには計画したリハビリテーションにきちんと取り組むことが必要であることを、女性は理解しているのか――本人がリハビリテーションを行う意味を理解せず、納得していないことが、人格攻撃の原因になっている可能性もあります。

そうしたことを確認しないまま、「うまく対応して」という一言ですませるのでは、金井さんは現状の支援から何を変えればよいか、アイデアを得ることができません。

同僚も、「やり方が悪いのでは？」と感じたなら、どこが悪くどのように修正すればいいかを助言する配慮がほしいところです。

一方で、要援護者の女性への対応も必要です。たとえどんな理由があろうとも、人格攻撃を続けられては誰でも冷静にリハビリを提供するのは困難です。要援護者自身のためにも、リハビリの何が苦痛なのか、金井さんの対応のどこに不満を感じているのかを丁寧に聞き取る必要があります。

金井さんから聞き取った内容も踏まえ、まず女性が感じている苦痛に対して事業所がとれる対応について伝えます。その上で、今後は穏やかな言葉で不満を伝えてもらうよう求めるなど、改善策をとる必要はあるでしょう。

しかし現状では、互いに支え合う意識が乏しいこの職場のあり方を、まず変えていく必要があります。このままでは、金井さんは近い将来、この職場では働き続けられないと考えるようになってしまいかねません。そうさせないためには、職員が互いの困りごとを分かち合い、支え合う風土に変えていくことです。職場のそうした風土は、たとえ要援護者からハラスメントを受けたとしても、乗り越えていく力になるものです。

【ポイント】

- 管理者等は、自分の発言が職員にどのようなメッセージを与えているかを、常日頃から意識する
- ハラスメントの相談を受けた上司や同僚は、被害職員のつらさに共感を示し、まずは批判せず話に耳を傾ける
- 上司や同僚は支援内容等を丁寧に確認し、職員が事態を変えていけるようサポートする
- 全員が「聞く姿勢」「共感」を意識し、事業所内で互いに相談しやすいムード、支え合うムードをつくっていく

第８章

ハラスメントの実例とその対応

ここまで、事前予防策や事後の対応、ハラスメント対応における課題について見てきました。ここでは、実際のハラスメント事例とその対応、行政によるハラスメント防止支援の具体的対応について紹介します（事例の要点を損なわない範囲で、個人が特定されないよう改変してあります）。

第1節　CASE 1：特別養護老人ホームでの暴言、セクハラ

特別養護老人ホームBでの、男性入居者から女性職員への暴言、セクハラのケースです。行為者の男性は当初、行為を認めませんでした。しかし、施設長や家族同席での緊急ミーティングを開催するなど、迅速な対応で解決を図っています。

【特別養護老人ホームB】丁寧なアセスメントで入居者を理解

ユニット型特別養護老人ホーム。1ユニット10室で全6ユニット。入居者のアセスメントは、時間をかけて丁寧に実施しています。現場での困りごとは、職員→ユニットリーダー→介護主任→施設長と、重要度により報告が上がる仕組みです。また、施設として、ハラスメントは許さないという姿勢を明確に打ち出しています。

【行為者】セクハラ傾向のある男性入居者

60代後半の男性入居者。脳梗塞の後遺症で、右半身に軽いマヒがあります。要介護4で、認知症はありません。在宅介護を受けていた頃、セクハラ傾向があったことが後でわかりました（入居時に情報提供なし）。キーパーソンは娘です。

【ハラスメント】女性職員への暴言＋セクハラ

この男性入居者には女性蔑視の傾向があり、女性職員に対しての言動がきつく、セクハラ行為も見られました。男性のそうした傾向、行為についてはユニットで共有され、この男性には、基本的に男性職員が対応することにしていました。男性職員での対応で様子を見るため、当初、施設側からその男性にハラスメント行為につい

て確認したり、やめるよう申し入れたりはしていませんでした。

一方、キーパーソンである娘に対しては、男性の暴言やセクハラ行為について、ユニットリーダーから何度か報告し、状況を理解してもらっていました。

ある日、女性職員がこの男性入居者に対応することになった際、「おまえなんかに介護をしてほしくない」「辞めてしまえ」などの暴言、そして体を触るなどのセクハラ行為がありました。男性の行為に女性職員は大きなショックを受け、「もうこの男性のケアには入れない」と、ユニットリーダーに訴えました。

【事後対応①】家族に報告し、話し合いへの同席を求める

訴えを聞いたユニットリーダーは、行為者の男性に女性職員に対する暴言やセクハラ行為の事実関係を確認しました。しかし、男性は行為を認めません。そこで、ユニットリーダーは今後の対応について、上長である介護主任に相談します。事態を重く見た介護主任は、このケースについて施設長に報告しました。

施設長は報告を聞き、すぐに対応してハラスメントをストップする必要があると判断しました。緊急ミーティングを開催することにしたのです。そして、男性本人、キーパーソンである娘、ユニットリーダー、介護主任、施設長の５人が集まれる直近の日に、ミーティングを設定しました。

娘には介護主任から連絡し、その際、女性職員に対して男性からの不適切な行為があったことを説明しました。また、ミーティングでは、職員の大きな負担となる不適切な行為をやめるよう男性に求めること、男性はショックを受けるかもしれないが、適切なサービス提供をする上で必要なことなので、時間をとらせてほしいことを伝えました。そして娘に同席し、男性が受け入れない場合、フォローしてほしいと依頼しました。

それまでも男性の行為について報告を受けていた娘ですが、それでもやはりショックを受けた様子でした。ミーティングには同席したくないと拒んでいましたが、適切なサービス提供のため協力してほしいという説得に応じ、最終的には同席を了承しました。

男性の女性職員へのセクハラ行為について、娘は、在宅介護の頃も耳にしたことがあったようでした。

【事後対応②】家族同席で緊急ミーティング開催

行為者の男性は、認知症がなく、十分コミュニケーションがとれる入居者です。緊急ミーティングで施設側は、男性に職員を傷つける意図はなく、コミュニケーションの一環のつもりで悪気はなかったのだろう、という前提で話しました。

一方で、職員の側はそのように受け止められず、心に大きな負担を感じているという事実をはっきりと伝えました。職員の心の負担の大きさは、「悪気はなかった」ではすまされず、受け入れることができないハラスメントに該当すること、今後はこのようなことはやめてほしいことを、男性にはっきりと申し入れました。

男性は施設側の申し入れにショックを受け、当初「自分一人を悪者扱いか」と、被害的な発言をしていました。しかし娘からのフォローもあり、「うーん」と言いながらも最終的には、今後はこうした行為をしないでほしいという施設側の申し入れを受け入れました。

【被害職員への対応】職員本人の要望を確認

ハラスメントを受けた女性職員には、どうしたいか、希望を確認しました。職員は、行為者の男性の担当は難しいと思いつつ、担当ユニットや他の入居者への思い入れがあり、そのユニットの担当を続けたいという思いとの間で気持ちが揺れていました。最終的には、その男性からは離れたいと希望し、担当ユニットを変更することになりました。

【その後】男性の要望への職員の理解が進み、ケアもスムーズに

これ以降は男性職員中心の介護としましたが、もし何かあればすぐに報告するよう、施設長は現場職員に伝えていました。その後の関わりの中で、男性の困りごとや要望についての職員の理解が進み、男性もケアをスムーズに受け入れるようになりました。

【このケースのポイント】

- 女性職員からの訴えを受けて、迅速に緊急ミーティングを開催し、解決を図ったこと
  → 対応が遅れれば、さらに職員が傷つくことになっていたかもしれません。
- 男性入居者の不適切な行為について、家族に経過報告をしていたこと
  → 報告をしていなかったら、緊急ミーティングへの同席はかなわなかったのではないでしょうか。
- 男性入居者の不適切な行為を、あくまでも「悪気のない傷つけ」という前提で話を展開したこと
  → 悪気がないという前提でも指摘された側はこのように反発します。あからさまにハラスメントだと指摘していたら、最後まで認めなかったかもしれません。
- それでも、話し合いの中ではきちんとハラスメントに該当する、という指摘をしていること
  → 行為者にハラスメントであるという認識を持ってもらうことが、再発防止につながります。

弁護士の眼

同性対応が徹底し切れていなかったセクハラケースの場合、同性対応を徹底して様子を見るか、すぐに関係者を集めたミーティングを開催し、行為者と話をするか判断に迷うところです。

しかし、同性対応を徹底しようとしても、きつい言動が再発したり、施設の事情で現実には同性対応の徹底が難しかったりすること

も多く、その場合、セクハラが再発生しかねません。そう考えると、すぐにミーティングを開催して行為者と話す方が得策に思えます。

とはいえ、キーパーソンに入居者の傾向や状況の理解が十分でない場合、そもそもミーティング自体が成立しない可能性もあります。

本件では、ユニットリーダーから早い段階でキーパーソンである娘に対して男性の暴言やセクハラ行為について何度か報告し、状況を理解してもらっていました。ここがポイントでした。

それで、状況を理解している娘が同席を受け入れ、関係者全員が一堂に会して緊急ミーティングを開催できたことにより、よい解決につながったのだと思います。

第２節　CASE 2：有料老人ホームでの暴力による退居

住宅型有料老人ホームＣでの、男性入居者から女性職員への暴力行為のケースです。入居前、心身状態について尋ねた際、疾患についての申告がなかったこと、家族が非協力的だったことなどもあり、最終的に退居となりました。有料老人ホームＣでは、このあと、契約書の「事業者からの契約解除」条項を変更。契約時にこの条項を丁寧に説明し、同意を得てから契約するようにしています。

【有料老人ホームＣ】定期面談で職員の困りごとを把握

在宅復帰を目指す自立支援介護を提供する住宅型有料老人ホーム。各職員が、上長あるいは管理職いずれかと交代で２～３か月に１回、面談する制度があります。そのため、日常の報告に上がってこないハラスメントを含む困りごとがあっても、そこで把握できる体制です。把握した困りごとは、月１回開催の管理職会議で必ず報告が上がる仕組みになっています。

【行為者】精神疾患を伏せて入居した男性

80代前半の軽度の認知症がある男性入居者。入居後、精神疾患もあることがわかりましたが、入居時にその申告はありませんでした。要介護4。在宅ケアが限界に達したため、在宅生活を望む本人の意思に反し、家族の希望で入居しました。

【ハラスメント】家族へのいらだちが職員に対する暴力に

この男性は、入居後、被害妄想や暴言、威嚇行為がしばしばありました。精神疾患が疑われ、主治医に確認したところ、疾患がわかりました。暴力にまでは至らないものの、男性はふとしたことで憤り、杖を振り上げて殴りかかろうとします。そうした行為が、次第に頻発するようになっていきました。

現場では、男性へのケアを検討するため、外部講師を招いて精神疾患についての勉強会を開催。疾患の特性を把握した上で丁寧に様子を見守り、毎回申し送りで細かい情報も共有することにしました。また、男性を「精神疾患のある人」という目で見ていないかなど、対応のあり方についても研修で改めて振り返りました。

行動の観察と記録により、男性がいらだつのは家族の来訪後だとわかりました。男性本人はもともとホーム入居を望んでおらず、在宅復帰を強く希望していました。しかし、在宅でも暴力等があったため、家族は在宅復帰を拒否していたのです。

そうしたこともあり、家族は差し入れを持ってホームを訪れても、いつも男性には会わずに帰っていました。来訪した家族が自分に会おうとせずに帰ったことを悟ると、男性はいらだちます。「ご家族もお忙しかったのではないか」などと職員が声をかけても、男性は一度いらだつと収まらず、暴言や威嚇行為が起きるのです。

家族には男性の行為について、管理者から報告をしていました。そして、来訪したら面会するか、そうでなければ、男性が落ち着くまで薬等を差し入れる来訪を控えてほしいと何度も申し入れました。しかし家族は聞き入れず、面会しない来訪が続いたのです。

男性の威嚇行為は次第にエスカレートし、杖を振り回して机をたたいたり、物を投げようとしたりするようになりました。そして職員が行為を制止すると激怒し、次第に振り払ったり、つかみかかったりすることが増えていきました。

そうした行為に女性職員が怯えるため、この男性には、基本的に男性職員が対応することにしていました。しかし、ある日、男性が暴れ出したとき、そばにいた女性職員が、着ていた衣類をつかまれて振り回され、衣類が破けた上にけがを負うという出来事がありました。この時点で、行政に報告・相談。職員に明確な被害が出たことが決定打となり、施設長、本部職員、弁護士で協議の上、退居を求めることに決めました。

【事後対応】契約解除に家族が反発、弁護士が介入

管理者から、男性と契約者である家族に契約書の契約解除条項について改めて説明し、退居を求めました。男性はもともと自宅での生活を望んでいたため、退居を好意的に受け止めました。しかし家族は、「次の受け入れ先を見つけるまでは退居できない」「退居を求めるなら利用料は支払わない」などと言って、退居の申し入れをすぐには受け入れません。何度も交渉を重ね、最終的には家族も了承し、退居が決まりました。利用料については、弁護士を立てて請求し、支払ってもらうことができました。

【被害職員への対応】フォローの面談で職員の状態を把握

けがの治療は労災保険で対応。破れた衣類の弁償等については、顧問弁護士を通じて行為者の男性・その家族と示談交渉を行いました。勤務については、産業医がカウンセリング面談を実施。職員の希望や心身の状況を聞き取りました。結論としては、男性が退居するのであれば、そのまま職場に残りたいとの希望が強かったため、異動せず、勤務継続となりました。事業所としては、その後のフォローも含め、定期面談の間隔を狭めて状態把握に努めました。

【契約書】「事業者からの契約解除」の条項を見直し

このケースのあと、弁護士と相談の上、有料老人ホームＣでは「事業者からの契約解除」条項を見直しました（第９章第２節参照）。入居申込書での虚偽申告について、「心身状態を偽る等」という記述を追加。また、契約解除の通告から退居までの猶予期間を、90日間から30日間に変更しました。この猶予期間の規定とは別に、暴力等によって他の利用者や職員がけがを負った場合は、即日退居を求めることとしています。また、契約解除の対象となり得る「入

居者の行動」については、「暴力や暴言、他人の居室への無断侵入等」という具体例も追加しました。

契約時には、退居に至ったこのケースを例として話します。そして、職員や利用者がけがを負った場合は即日退居を求めること、契約書に記載はありませんが、危険な暴力行為があった場合には警察に通報することも、必ず契約時に説明し、同意を得た上で契約を結ぶことにしました。

これは顧問弁護士からの指示で行うことにした対応です。入居者を大切にするように、職員も大切にし、必ず守るという方針で、このケースのあと数件、警察を呼び、調書を取ってもらったケースがありました。

【このケースのポイント】

- **行為者の男性の持つ疾患について研修を行うなど、対応を見直し、家族にも協力を求めていること**
  → できる限りの対応をしてもなお対応が難しかったからこそ、職員を守るため、退居という判断ができたものと思います。
- **要所で弁護士に意見を求めていること**
  → 民・民の契約である有料老人ホームでは、民事訴訟がしばしば起こります。対応に法的問題がないかの確認は大切です。
- **その後の対応として、危険な暴力行為は警察を呼ぶ、即日退居などの方針を決定し、実践していること**
  → 近年、医療機関や在宅医療介護の現場で、医師や支援職が殺傷される事件が起きており、警察も未然に防ごうという意識が高まっています。身の危険を感じるようなハラスメント行為については、介護現場で「過剰に」受け止め続けるのをやめ、警察に相談するなどの対応も時には必要です。

弁護士の眼

男性と家族に対し、管理者と顧問弁護士が粘り強く話し合いを続けたことにより、入居契約が「合意解除」に至ったこと、その結果、女性職員の継続勤務を守れたことに意義のある事例です。

さらに、弁護士と相談の上、事業者からの契約条項の見直しも行われました。

ここで注意しなくてはならないことがあります。厚生労働省による通知「有料老人ホームの設置運営標準指導指針について」（平成14年7月18日老発第0718003号、最終改正・令和３年４月１日老発0401第14号）では、「入居契約書に定める設置者の契約解除の条件は、信頼関係を著しく害する場合に限るなど入居者の権利を不当に狭めるものとなっていないこと」とされています。また、厚生労働省の「対策マニュアル」12ページには、ハラスメントを理由とする契約解除は「正当な理由」が必要であることが詳述されています。したがって、この「契約解除の条件」も入居者の権利を不当に狭めるものではなく、また、「正当な理由」の判断に資する定め方をすることに注意が必要です。これについては、第９章の「弁護士の眼」も参考にしてください。

「正当な理由」の有無は個別具体的な事情によります。実際に見直しを行う際には、上記マニュアルを参照しつつ、弁護士等に相談しながら検討してください。

第３節　CASE 3：老人福祉センター職員への地域住民からの嫌がらせ

老人福祉センター D の A 職員に対し、地域住民の女性から長期間にわたる嫌がらせがあったケースです。A 職員だけを、メールや文書などで個人攻撃してきました。法人本部と共に対応を検討し、弁護士や行政、警察にも相談。攻撃はある日突然、やみました。

【老人福祉センター D】地域住民が利用できる高齢者福祉の拠点

住宅街の中にある老人福祉センターです。保健、福祉の講座を開催するほか、地域住民による自主的な活動等の場として部屋の貸し出しを行っています。

【行為者】最初はごく普通の態度だった地域住民の女性

70 代の女性。生活歴など詳細は不明ですが、家族もいるごく普通の地域住民と思われます。老人福祉センター D 開設当時から、地域住民の一人として A 職員とも関わっていましたが、徐々に態度が変わっていきました。

【ハラスメント】特定の職員への理不尽な要求と誹謗中傷

この住民と A 職員との最初の関わりは、老人福祉センター D 開設の頃。センターの備品について、「この備品は利用者にとって危険ではないか」との意見を伝えてきたことです。A 職員はじっくりと話を聞いた上で、なぜその備品が必要かを丁寧に説明しました。その後、この住民はごく普通の地域の一員としてセンターを利用し、ボランティアとして活動することもありました。

ところがそれから半年ほどたったある日、テーブルの位置がおかしいなど、様々なことに関してクレームとも言える意見をメールや手紙で頻繁に訴えてくるようになりました。

A職員は、その意見に対して、一つひとつ丁寧に説明し、回答していました。しかしどれだけ説明しても、この住民は決して納得しません。来所したこの住民とやりとりをすることもありましたが、丁寧に話を聞いてもやりとりは延々と続き、イライラしたこの住民が大声を出すようになるため、最後はA職員が「お引き取りください」と帰宅を促すことになりました。

あるとき、A職員はこの住民からの質問への回答を、自宅に説明に来るように求められました。この要請を聞いたA職員は、それまでの対応ではいけないと感じ、運営法人の本部に相談の報告を上げます。同じ頃、この住民から法人本部に、A職員のことを誹謗中傷し、排除しようとする文書が届くようになっていました。

法人本部ではすぐに、A職員、そして理事長をはじめとした幹部職員で、対応について検討する会議を開催。顧問弁護士にも意見を求めました。弁護士からは、手紙やメールへの返信要求、自宅への訪問要求等に応えるかどうかの選択権は要求された側にあり、従う必要はないという助言がありました。

この会議での検討により、A職員はこの住民からの意見には一切答えないという姿勢をとることにしました。この住民の意見にA職員が答えることが、この住民にとって「快」の刺激となり、次の回答要求を引き出す悪循環に陥っていると判断したからです。

その後も、A職員へのメールでの攻撃、法人本部への手紙は続きました。メールや手紙に返信しないでいると、何とか対応させようと、内容はどんどんエスカレートしていきました。それでも、返信は一切しませんでした。

検討会議のあと、A職員は行政、警察にもこの住民の行動について、相談、報告を行っています。行政には、すでにこの住民からも苦情という形で連絡が入っていました。それが一方的な情報にならないよう、A職員からも報告を入れたのです。警察からは、危険なことが起きたら躊躇なく連絡してほしい、すぐに駆けつけるという話がありました。

法人本部での検討会議は、計4回開催されました。そこでは、この住民の行為がさらにエスカレートすることも想定しました。そして弁護士とも協議の上、他の法人に中傷文書を送ることがあったら法的手段をとることに決めていました。

しかし、この住民は決して他の法人にまでは中傷文書を送ることはなく、数年後、突然、一切連絡をしてこなくなりました。

【被害職員の思い】渦中にあると適切な対応がわからなくなる

A職員は、この出来事について、次のように振り返りました。

- 老人福祉センターは地域住民に開かれた場であるため、どのような住民も排除することはできず、対応が難しかった。
- 対人援助職として、丁寧に話を聞き、求められればできるだけの対応を返していくのが当然と考えていた。しかし、この住民については、こうした対応がすべて裏目に出ていた。
- 渦中にいると、何が適切な対応なのかがわからなくなることがある。法人本部や弁護士のような現場から離れた立場からの意見がとてもありがたかった。

【このケースのポイント】

- **回答を求める住民に答え続けることが、悪循環を招いていると気づいたこと**
  → A職員の言葉通り、対人援助職はできる限り相手の要望に答えようとします。しかし実は、回答を求められても、訪問を求められても、それに応える義務はない――それを弁護士が伝え、要望に応えようという援助職の姿勢を相手が濫用していることに気づけたときが、大きな転換点でした。
- **理事長、本部職員、弁護士等が適切にサポートしていたこと**
  → A職員自身も語っているように、前述の濫用には、客観的立場からハラスメントを見る人でないと気づけない可能性は大きいと思います。ハラスメントは、現場職員だけに解決を任せるのではなく、本部職員や管理者等、離れた立場の人も加わって対応を検討することが大切です。

- **法的手段をとるラインを決めていたこと**

→　どこまで自分たちで対応するか。どこから対応を手放すか。そのラインを決めておくことで、現場職員はどこまで頑張ればいいかの見通しが立てられます。

弁護士の眼

老人福祉のための施設は、一般に地域の高齢者が健康で楽しく過ごすための生きがいづくりなどに活用されるものです。しかし、このケースの行為者にとっては、クレームとも言えるような意見を頻繁に送るようになった時点で、活動を楽しむ場からクレーム対象へと変わっていたと考えられます。職員として丁寧に応対することは必要ですが、大声を出すようになった時点で、「利用者に関するリスク要因」を意識する必要があったかもしれません。厚生労働省の「対策マニュアル」にもある通り、「病気または障がいに対する医療や介護等の適切な支援を受けていないことに起因するリスク」や、「提供サービスに対する理解に起因するリスク」などです。時には、利用者がサービスの提供範囲を理解していないことや、過剰な期待を持っている場合もあり得ます。ハラスメント問題は、上長、顧問弁護士等への早期の相談が解決を早めることを意識していただきたいと思います。

第4節　CASE 4：高齢者住宅でのアルコール依存症男性のセクハラ

高齢者住宅で暮らす男性入居者から女性職員へのセクハラケースです。行為者の男性はアルコール依存があり、飲酒するとセクハラ行為に及びます。主治医、家族に随時相談し、最終的に精神科病院に入院。退居となりました。

【高齢者住宅D】看護師が各入居者の主治医と連携

社会福祉法人が運営する高齢者住宅です。要介護の入居者には、併設する訪問介護事業所が介護を提供しています。各入居者を診ているそれぞれの主治医とは、住宅職員である看護師が必要に応じて連絡を取り、助言を受けています。住宅の1階には地域住民が利用するコミュニティセンターがあります。

【行為者】飲酒によるセクハラ行為がある男性

80代前半の一人暮らしの男性。初期の認知症で要介護 1。歩行が不安定で、外出先で保護されたり転倒して入院したりを繰り返していました。入浴介助のためのホームヘルパーの訪問時は、ほぼいつも飲酒しており、泥酔してセクハラ行為に及んでいました。

【ハラスメント】ホームヘルパーだけでなく地域住民にまで

この男性入居者は女性のホームヘルパーの訪問を希望。男性職員が安否確認のために訪問するのも、嫌がりました。訪問介護での支援は入浴介助。背中以外は自分で洗えるため、見守り中心でした。

男性はホームヘルパーが訪問するといつも飲酒しており、毎回のように抱きつこうとしたり、胸を触ろうとしたりしました。浴室までの歩行介助では、“恋人つなぎ”で手をつなぐことを求めます。

ホームヘルパーからこうした行為について報告を受けた管理者は、手を握られることはあっても、それ以外は皆うまくかわしているという認識でした。

飲酒の状況などについては、住宅職員の看護師からこの男性の主治医に逐一報告していました。また、家族にも男性の飲酒や行為について説明し、相談をしていました。それを受けて、家族はたばこやお酒を買うお金を男性に渡さないようにしたのですが、住宅入居者同士で融通し合っているのか、飲酒は続いていました。

一度、男性ホームヘルパーによる訪問も試みましたが、本人が拒否。女性ホームヘルパーが訪問を継続せざるを得ませんでした。

あるとき、実は「以前から胸を触られていた。キスされたこともある」というホームヘルパーがいることがわかりました。この職員は、拒否すると介助を受け入れてもらえないと思い、セクハラ行為を受け入れていたとのことでした。

さらに、この男性入居者が住宅１階のコミュニティセンター職員の手にキスをしたり、地域住民に暴言を吐いたりという事案が発生。断固たる対応が必要になりました。

【事後対応】家族、主治医に相談し精神科入院

男性ホームヘルパーによる訪問が拒否され、コミュニティセンターでのセクハラ行為と暴言があったため、施設長、相談員で、家族と話し合いました。その結果、主治医からの紹介状により男性は精神科病院に入院。退居となりました。

セクハラ行為を受け入れていたホームヘルパーには、管理者から、その対応によって行為がエスカレートしていた可能性があることを丁寧に説明しました。さらに、類似したケースについて書かれた新聞記事を読んでもらいながらじっくりと面談。このホームヘルパーも、「私は我慢できても、新しく担当になった人はイヤな思いをしますよね」と理解しました。

【このケースのポイント】

- **家族に男性の言動、状況を随時報告し、協力を仰いでいたこと**

→　家族が状況を理解していたことから、精神科病院への入院、退居という厳しい判断が、家族も含めた話し合いでスムーズに決まったものと思います。

- **看護職員から主治医に逐一報告し、相談していたこと**

→　主治医も住宅職員の看護師からの逐一の報告で、男性の状態を把握できていました。そのため、精神科病院への入院の必要性について判断しやすかったことと思います。疾患がある行為者の場合、必要に応じて医療の力を借りられるよう、日頃から報告と相談を心がけておくことが大切です。

- **セクハラ行為を受け入れていたホームヘルパーに、丁寧な説明と新聞記事の活用で対応を改める必要性を理解してもらったこと**

→　類似ケースの新聞記事を読んでもらったことで、自分の対応を客観的に見直すことができ、改善の必要があることに気づけたのではないかと思います。

弁護士の眼

「以前から胸を触られていた。キスされたこともある」という職員は、拒否すると介助を受け入れてもらえないと思い、セクハラ行為を受け入れていたとのことでした。

本当にやむなく、つらい思いをしながら我慢を重ねていたのだと思います。しかし、「胸を触る」「キスをする」と、セクハラ行為の内容が変わっても受け入れ続けていたことで、行為者は抑制が効かなくなり、行為がエスカレートしていったとも考えられます。

一般的なわいせつ事案の刑事事件ではよくあることですが、異種のセクハラ行為を重ねて受け入れてしまうと、「被害者の承諾があった」という加害者からの「主張」を生む恐れも懸念されます。

ハラスメントを受けたと少しでも感じたら、一人で我慢や対処をしようとせずに、すぐに上長に報告・相談して、事業所全体の問題として対処するようにしてほしいと思います。

第5節　CASE 5：強いこだわりとガン末期のつらさからの長時間の訴え

在宅で余命3か月と告げられた男性による、長時間にわたる訴えのケースです。行為者の男性は、こだわりが強く、「こうでなければおかしい」と感じたことは頑として譲らず、長時間の訴えが続きます。それは亡くなるまで変わりませんでした。

【複合介護事業グループE】在宅サービスと施設を運営

訪問介護、デイサービス、グループホームなどの在宅介護サービスと、特別養護老人ホーム、ショートステイを運営する社会福祉法人を持つ複合介護事業グループです。

【行為者】こだわりの強いガン末期の男性

70代後半で妻と二人暮らしの男性。もともとこだわりが強い方でしたが、ガンで余命3か月と告げられてから、一層こだわりからの言動が厳しくなりました。訴えが通らないと納得できるまで説明を求め、強い口調で罵倒します。それは職員に対してだけではなく、妻や行政に対しても同様で、時には厚生労働省に電話で長時間訴えることもありました。

【ハラスメント】長時間にわたり職員に苦情を訴える

訪問介護では、「1分遅れてきた」「5分早く来た」と、時間通りに来ないと苦情になりました。また、入院生活が続いた男性は、在宅でも病院での介助方法が基準となっていました。例えば、清拭の順番、やり方が病院と異なっていると、やり方が間違っていると強く指摘します。病院と同じ使い捨てのペーパータオルでの清拭でないと受け入れず、妻はそのペーパータオルの入手に苦労しました。

訪問するホームヘルパーも、相性が悪いと訪問を拒否され、訪問できなくなる職員が複数出ました。訪問介護は女性のやる仕事だと考え、男性のホームヘルパーは最初から受け入れませんでした。

妻に対してはホームヘルパー以上に要求が厳しく、清拭の準備は訪問前に整えることを妻に求め、不備があると厳しく叱責しました。ホームヘルパーが、自分たちが準備するので妻がやる必要はないと男性に伝えても、他者からの助言は一切受け入れませんでした。

そうした日々が続くうち、妻の方が限界に達し、ショートステイを利用するようになりました。すると在宅と違い、一対多の対応となるショートステイでの生活で、男性はさらにイライラが募ります。あるときは、男性の訴えを受けて呼ばれた生活相談員が、「申し訳ございません」と詫びると、「それは日本語としておかしい」と言われ、そこから日本語についての講釈が30分続きました。

「すき焼き風」という献立が出たときには、管理栄養士が呼ばれました。男性は、「おまえは銀座のすき焼きを食べたことがあるのか。これがすき焼きか」と詰問します。管理栄養士の対応に納得できなかった男性は、その場で役所に電話し、「この施設はすき焼きではないものをすき焼きと偽造して出している」と1時間にわたって苦情を訴えました。献立名については、使っている食材がわからないという苦情を受けたこともありました。

こうした訴えの際、男性は、しばしば「上司を出せ」と求めてきました。しかし、上司は現場に対応を任せていたため、日常的に堂々巡りの長時間の訴えが続きました。生活相談員や管理栄養士は男性のショートステイ利用中、「いつ呼ばれるか」と、常に不安を抱えながら勤務していました。

あるときは、外の匂いが入ってくるのが気に入らないという訴えを受けて、部屋の換気扇を交換したこともありました。

こうした訴えについて、男性はいつも「施設をよくするためにやっているんだ」と締めくくっていました。

【対応】傾聴し、できること・できないことを明確に

この男性の担当ケアマネジャーは、男性に呼ばれると、はずせない予定がない限りは駆けつけて、2時間でも3時間でも訴えを聞きました。「呼ばれたから仕方なく」行くのではありません。厳しい訴えを、押したり引いたり、時にかわしたりしながらも、男性が一定の満足を得られるまで聞き続けることが、男性の信頼を得て、関係を築くことにつながると考えていたからです。また、余命3か月と告げられ、ガンによる体調不良に日々さいなまれている男性に、感情のコントロールを求めても難しいことも感じていました。

訪問介護での訪問時間のズレについては、責任者がこう伝えました。「交通事情や前の訪問先での必要な対応によって、時間が前後することはやむを得ない。できるだけ時間を守るように努めるが、どうしても時間が前後することを受け入れられないなら、時間通りに訪問できない日は訪問自体をキャンセルしたい」。すると男性は、「無責任だ」と怒りました。しかし責任者はひるまず、「訪問時間のズレを受け入れるか、キャンセルを受け入れるかを選んでほしい」と伝えました。結果、男性は訪問時間のズレを受け入れました。

「すき焼き風」など献立名の問題は、「～風」という献立名をやめることにしました。また、男性の献立表だけ、使っている食材がわかる長い献立名にした献立表を用意するなど、個別対応で男性の気持ちが収まることについては対応を変えることにしました。

換気扇については、交換しても外からの匂いが入ることに変わりはないと、ショートステイ側はわかっていました。しかしそれでも、「自分の訴えを受けて交換した」という事実が、男性には必要だと判断しました。実際、男性は満足し、訴えはなくなりました。

【このケースのポイント】

- **もともとの性格傾向とガン末期という心身の状況から、厳しい指摘を繰り返す行為者の言動を、ケアマネジャーがとことん受け止めることで関係を築いたこと**

→　人の行動には必ず理由があり、その理由の背後にある思いを受け止めることができてはじめて、その人との関係づくりは進んでいきます。そのやりとりには時間や忍耐を要します。この男性は最後まで厳しい指摘が続きましたが、命が長らえていれば、その先に穏やかな関係があったかもしれません。対人援助職としては、厳しいやりとりの先にある穏やかな関係を目指したいものです。ただ、それには相手の気持ちはきちんと受け止めつつ、しかし、自分が過度に傷つかないよう「押したり引いたりかわしたり」できるスキルが必要になります。

- **訪問介護の時間のズレなど、できないことはできないとはっきり伝え、その上で行為者側に選択してもらったこと**

→　できないことをできないと伝えたとき、「無責任だ」と言われると、引いてしまいそうになります。しかし、できないことをできるかのように言う方が、よほど無責任です。とはいえ、こうした率直なやりとりは、それができる関係性をまず築くことが前提であることは、言うまでもありません。

- **献立名、換気扇交換など、個別対応可能なことは希望に沿った対応をとることで、苦情を回避したこと**

→　訴えを聞き入れると、中には要求をさらにエスカレートさせる人もいます。一方で、この男性のように日常的に長時間の訴えを続けても、納得できる対応があればその訴えが止むこともあります。重要なのは、やはり訴えの背後にある思いを汲み取ること。汲み取った思いを踏まえ、なぜ受け入れるのか／受け入れないのかを十分考慮して判断することが必要です。

- **上司が現場に対応を任せていたこと**

→　これは、ネガティブな意味でのポイントです。男性の要求に対して、「できる／できない」の決裁権を持たない現場職員では、要求に応えきれません。職員の対応に納得できない男性はさらにいらだち、訴えが長引きました。現場職員を疲弊させないため、決裁権のある上長が対応し、適切に判断、対応することが必要なケースでした。

弁護士の眼

もともとこだわりが強い方が、ガンで余命３か月と告げられたのは、本当に辛いことであったと察せられます。そのため、一層こだわりからの言動が厳しくなったのは、無理もないとも言えます。その心情に配慮した担当ケアマネジャーの徹底した受け止めや、訪問介護での対応可能なラインを明確化して本人の選択に委ねた判断が、サービス事業者との信頼関係の基礎を築いたと言えるでしょう。

介護職員等が利用者に長時間の対応を求められるケースを、よく耳にします。今回のケースでは、必要性を感じたケアマネジャーがそうした対応を自主的に選択しています。

しかし、介護職員等が不本意に長時間拘束され、苦情を訴えられた場合は、利用者が「強要罪」に該当する可能性もあります。強要に限らず、暴行や暴言等の「迷惑行為」が「犯罪」に当たるかどうかは、簡単に言えば、その行為についての態様や結果の「ひどさの程度」によって決まります。利用者を「犯罪者」にすることがないよう、介護職員等はハラスメントを未然に防ぐ、あるいは、芽で摘む意識を持つことが重要です。

第6節　CASE 6：自治体主導のハラスメント防止対策―兵庫県・兵庫県看護協会、埼玉県

要援護者・その家族からのハラスメント対策には、自治体のサポートも必要です。ここでは、全国に先駆けて介護現場でのハラスメント対策に取り組んだ兵庫県と兵庫県看護協会、そして、2022年に発生した在宅医療・介護関係者の殺傷事件をきっかけに、在宅医療・介護現場でのハラスメント対策に取り組んだ埼玉県の検討の経緯や対策の内容を紹介します。

【ハラスメント対策に取り組んだきっかけ】

＜兵庫県＞　兵庫県が介護現場でのハラスメント対策に取り組んだのは、2015～2016年に実施された訪問看護師を対象とした実態調査がきっかけです[56]。回答者のほぼ半数が、利用者・家族から何らかの暴力を受けた経験がある――そんな調査結果を受け、2016年11月、調査を実施したグループから兵庫県に対してハラスメント対策を求めたのでした。

実はこの調査実施の背景には、訪問看護師が被害者となった薬物混入事件がありました。訪問先で薬物が入れられたお茶を気づかずに飲み、事業所に戻ってから意識を失ったのです[57]。実態調査は、被害看護師が所属する訪問看護ステーション所長が大学の研究者らと共に行ったものです。一人の看護師の被害経験談で終わらせず、多くの隠れたハラスメント被害を可視化、数値化することで行政を動かしたのです。

＜埼玉県＞　埼玉県での取り組みのきっかけは、日本中に衝撃を与えた2022年1月の患者家族による在宅医療・介護関係者殺傷事件

です。患者が逝去した翌日、弔問に訪れた在宅医が亡くなった患者への心肺蘇生を家族に求められ、断ったところ、家族が散弾銃を発砲。在宅医が亡くなり、理学療法士が重傷を負いました。「治療・支援する側が命を奪われる」という思いも寄らない事件に、在宅医療・介護の現場には動揺がありました。だからこそ、2月の県議会で「在宅医療・介護関係者を守る対策が必要だ」との声が上がると、県はすぐ対策に取り組みました。

【ハラスメント対策検討の経緯】

＜兵庫県＞　2016年11月に陳情を受け、翌年4月には介護関係の事業者団体、職能団体等とハラスメント対策を検討する委員会を設置。検討と並行して、2017年12月には兵庫県看護協会への委託により、訪問系サービスの看護・介護職対象の相談窓口を開設しました（現在はケアマネジャーなども対象）。さらに、2017年度末にはハラスメント対策の研修会も実施しました。その後も、研修会は内容をブラッシュアップしながら毎年1～2回実施しています。

また、2019年3月発表の厚生労働省による「対策マニュアル」より早く、2018年に「訪問看護師・訪問介護員が受ける暴力等対策マニュアル」を作成。県内すべての訪問介護、訪問看護事業所に配布しました。2017年度からは2人以上での訪問サービス費用への一部補助を開始し、さらに、2020年度からは1人での訪問への安全対策費用の補助も開始しています。

＜埼玉県＞　保健医療部と福祉部協働で対応を検討し、まず2022年3月に動画を用いたハラスメント対策研修を実施。同年3～7月にオンラインで医師や看護師、ホームヘルパー等に在宅医療・介護現場での暴力・ハラスメントの実態調査を行いました。

調査の結果、回答者の約半数にハラスメント被害の経験があると判明。そのうち精神的暴力が5割強、生命の危険を感じた暴力の経験者も1割強いるとわかりました。並行して、医師会や警察本部とも意見交換会を実施。先行して対策を実施している兵庫県にも問い合わせて、必要な支援の策定を進めました。

保健医療部および福祉部がそれぞれ介護事業所、医療機関向けにハラスメント啓発チラシを作成。業界団体等を通じて広報し、県ホームページからダウンロードして活用するよう促しました。

また、保健医療部および福祉部では2022年12月末から複数人訪問費用の補助申請の募集を開始。同じく12月から、福祉部が介護職員向けに、保健医療部が在宅医療従事者向けに暴力・ハラスメント専用相談窓口を開設しています。

暴力・ハラスメント対策研修会は、福祉部では以前から介護職員向けに年2回実施していましたが、保健医療部でも2022年度から年2回開催しています。1回はあえて対象を広く設定した医療・介護両方の職員対象の研修、もう1回は訪問看護ステーション向けに実施しています。

【両県の主な施策について】

※　具体的な内容は232ページの表8-1を参照。

＜2人以上訪問への費用補助＞　兵庫県では、制度活用を開始した県内の市町を経由して補助を実施する体制ですが、埼玉県は県への申し込みで直接補助を受ける仕組みです。両県とも利用件数は年に0～数件。それでも、「この制度があることで安心できる」との声があることから、両県とも今後も介護職員等が安心して働ける環境整備のため、この制度を継続していく考えです。

＜暴力・ハラスメント研修＞　兵庫県では、2017年度から集合形式で年1回開催していました。その後コロナ禍があり、2020年度からは関連法や他県の取り組み、兵庫県の対策事業などについての講義やロールプレイ、事例検討などをオンラインで実施しました。2023年からは、オンラインと集合形式の併用、オンデマンドとライブ配信など様々な形式で開催。2024年2月には、久しぶりに集

■8-1　兵庫県・埼玉県によるハラスメント防止対策

内容	兵庫県		埼玉県	
	対象	補助額ほか	対象	補助額ほか
2人以上の職員による訪問サービス提供時の費用の一部補助	・兵庫県内に所在する訪問看護事業、介護予防訪問看護事業または訪問介護事業を行う事業者のうち、利用者等からの暴力行為等に係る安全確保のため、2人体制での訪問が必要な事業者 ・利用者の介護保険保険者の市町が補助事業を実施（2024年4月現在32市町）	▼訪問看護、介護予防訪問看護 看護師等による複数名訪問：30分未満1回2,540円／30分以上1回4,020円　●看護師等と看護補助者による複数名訪問：30分未満1回　2,010円／30分以上1回3,170円 ▼訪問介護 訪問介護による訪問：20分未満1回1,630円／20分以上30分未満1回2,440円／30分以上1時間未満1回3,870円 ※負担割合は、県1/3、市町1/3、事業者1/3	【複数人訪問費用補助事業補助金】 ・埼玉県内に事業所が所在し、介護保険法に基づく訪問介護、訪問看護、介護予防訪問看護を利用者等に提供する事業者であること ・利用者等から訪問者等が、暴力行為等を受けている、またはそのおそれがあること等の条件あり 【複数人訪問費用補助事業補助金（公的医療保険を利用する訪問看護）】 ・埼玉県内に所在し、利用者に公的医療保険による訪問看護を提供する事業者であること ・利用者やその家族等から訪問者が、暴力行為等を受けている、またはそのおそれがあること等の条件あり	【補助基準額の例】 <介護> 訪問介護 ・30分以上（身体介護が中心である場合）3,960円／回 ・訪問看護30分以上（看護師等による複数人訪問の場合）4,020円／回 <医療> ・看護師等が他の看護師等と2名で複数名訪問を行う場合：4,050円／回 ・看護師等が他の准看護師と2名で複数名訪問を行う場合：3,420円／回
事業所におけるハラスメント対策取組支援補助	・2人での訪問ができる体制にない兵庫県内に所在する訪問看護事業所、訪問介護事業所、定期巡回・随時対応型訪問介護看護事業所、小規模多機能型居宅介護事業所、看護小規模多機能型居宅介護事業所 ・利用者の介護保険保険者の市町が補助事業を実施（2024年4月現在8市町）	警備保障会社によるセキュリティシステム導入に必要な機器購入費等21,500円 ※負担割合は、県1/3、市町1/3、事業者1/3	実施予定なし。（2024年度） 継続的にかかる費用であることから、介護報酬や診療報酬で反映されるよう国に要望していく。 【参考】2022年度実施済 ①対象：在宅医療機関等、訪問系介護事業所等、障がい福祉サービス訪問系事業所 ②補助上限額：40,000円　※負担割合は、県2/3、事業者1/3 ③対象事業：固定電話用通話録音装置・ボイスレコーダー購入経費・警備会社による屋外用（出張時）セキュリティサービス初期導入経費	

暴力・ハラスメント対策研修会の開催	訪問看護・訪問介護事業所、居宅介護支援事業所等の在宅ケアに関わる職員、兵庫県下市町の職員等	2023年度は、2回開催。 1回目は、暴力・ハラスメントに関する法律の視点、他県の取り組み等をオンデマンド配信し、1日限定のライブ配信で事例検討、県のハラスメント対策事業の説明を実施。 2回目は、集合形式による事例検討。家族の威圧的な言動／支払いを拒否するケース／利用者のセクハラがエスカレートするケース など。 いずれも参加無料	埼玉県内介護事業所職員	2023年度は、介護職員向け研修と管理職向け研修をオンラインと対面のハイブリッドで実施。毎年、内容を見直して開催。参加無料
			在宅医療に関係する医療機関、歯科医療機関、薬局、訪問看護ステーション、訪問系介護事業所等の職員	2023年度は多くの医療・介護関係者が受講できるよう、対象を広く設定。オンラインで開催しアーカイブ配信あり。参加無料
			訪問看護ステーション職員	2023年度は、まず管理者向けハラスメント研修を実施。それを全職員向けに収録し、各事業所単位でグループワークができる内容の研修をアーカイブ配信。参加無料
ハラスメント相談窓口の設置	兵庫県内の訪問看護事業所、訪問介護事業所等に勤務する訪問看護師、訪問介護員、事業所の管理者、ケアマネジャー等訪問業務に関わる職員	【相談内容】 利用者・その家族等からの暴力・ハラスメント等に対する対応方法など。内容に応じてケースごとの専門機関への紹介等を行う（相談窓口は兵庫県看護協会） 【開設日時】 月曜日～金曜日13時～16時（祝日・年末年始を除く） 相談費用は無料（電話代は相談者負担）	埼玉県内の訪問介護・訪問看護事業所や、介護施設、障がい児者施設の職員等	【相談内容】 利用者・その家族等からの暴力・ハラスメント等に対する対応方法など（相談窓口は民間会社委託） 【相談受付時間】 月曜日～金曜日9時～17時（祝日、年末年始（12月29日～1月3日）は除く） ※WEBからの問合せは24時間毎日受付、相談費用は無料（電話代は相談者負担）
			埼玉県内すべての医療機関等（病院、診療所、歯科診療所、薬局、認定・栄養ケアステーションの職員等）	【相談内容】 患者、患者家族等からのハラスメント、暴力行為、迷惑行為等への対応方法など（相手との接し方や警察への通報時の留意点など） 【相談受付時間】 月曜日～金曜日9時～19時（それ以外は上記の介護の相談窓口と同様）

合形式で事例検討を行いました。

埼玉県は、福祉部が県内の介護事業所を対象に開催。今年度は、ハラスメント啓発のチラシを用いた契約時の説明など、県の施策の具体的な活用方法についても研修の中で伝えていく予定です。

一方、保健医療部はできるだけ多くの関係者に受講してもらうことを目的に、2023年度は在宅医療だけでなく介護関係者も対象としたオンライン研修と、以前から利用者等からのハラスメント問題が指摘されていた訪問看護ステーションのみを対象とした研修も実施しています。また、2023年度には訪問看護ステーションの管理者向けにロールプレイングを盛り込んだハラスメント対策研修や、訪問看護ステーションの職員向けにアーカイブによる動画配信型の研修を実施しました。

＜ハラスメント相談窓口＞　兵庫県では、兵庫県看護協会が窓口となって対応しています。相談件数は月２～３件ですが、内容は暴言やセクハラなど深刻なものが多いとのことです。窓口では、ハラスメントについての記録の大切さや、利用者に対応する際の注意点などについて助言。契約解除についての相談には、契約書の内容を確認することもあります。また必要に応じて、弁護士の無料相談や行政の担当者、メンタルケアを紹介しています。

埼玉県では、専用相談窓口を2022年12月から開始し、電話、メールおよびWEBで相談を受ける体制としています。福祉部は、訪問介護、訪問看護の事業所や施設の職員等を対象としており、2023年度の相談件数は100件でした。相談されたハラスメントへの対応方法や、事業所で対応してもらえない場合の話の進め方、契約解除の場合の留意点などを助言しています。

一方、保健医療部では、訪問を行っている医師、歯科医師、薬剤師等が勤務する医療機関を対象に開始し、2024年度からは県内すべての医療機関を対象としました。ハラスメントの相談を受ける医師対象の相談窓口はなかったため、窓口設置が歓迎されています。

2023年度の相談件数は21件でした。治療上必要のない薬の処方を求めてくる患者や、訪問者に対して暴言を言う患者家族への対応などについて助言しています。

＜ハラスメント防止のチラシほか＞　両県とも、介護現場（埼玉県は医療現場も）でのハラスメント防止のチラシを作成して配布しています。また、ホームページからもダウンロード可能とし、契約時の活用を促しています。県名を入れた「行政からのお願い」とすることで、介護・医療事業者が利用者等にハラスメント防止について伝えやすくしています。

さらに埼玉県では、「訪問医療等訪問時における安全対策」（下記参照）のチラシも作成。警察への相談につなげるため、どのようなときに相談すればよいか、警察がとれる対応は何かをまとめました。管轄の警察の一覧表とともに、県ホームページからダウンロード可能にしています。

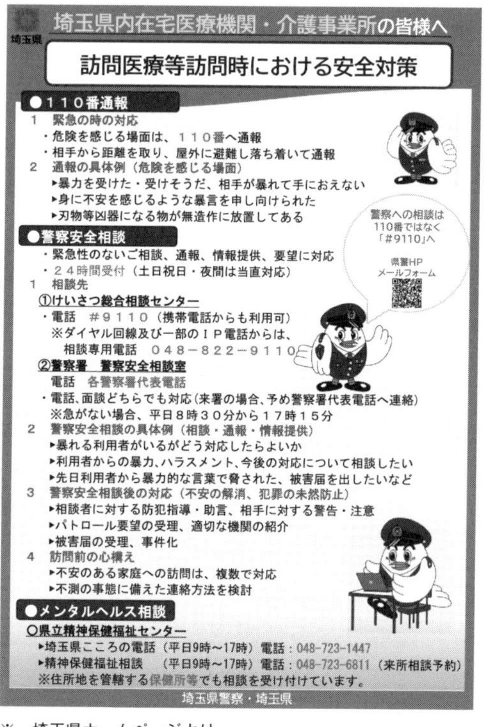

※　埼玉県ホームページより

【兵庫県・埼玉県の取り組みのポイント】

- **施策の策定、実施が迅速であったこと**

→　陳情を受けた兵庫県、衝撃的な事件が起きて医療・介護関係者に動揺が生じていた埼玉県ともに、すぐに現場を支援する施策を打ち出すため、予算確保も含めて迅速な対応がとられました。埼玉県は、医療・介護現場から警察に相談しやすい道筋もつくっています。何かあればすぐに行政が動いてくれる。そんな信頼を持てる自治体であれば、事業者も住民も安心です。対人援助の現場を守る施策は、結果としてすべての住民の生活を守ることにつながります。すべての自治体に取り組んでいただきたい施策です。

- **利用件数にとらわれず、必要性で施策を継続していること**

→　行政の施策は、「利用件数が少ない＝必要性が乏しい」と判断されがちです。住民の税金を預かって施策を展開している責任上、行政として必要性の検証は必要です。しかし、必要性は利用件数によってのみ判断されるべきではありません。両県のように、利用件数が少ない理由を精査した上で必要性を検討し、継続の是非を判断していただきたいと思います。

- **先行自治体が施策策定を支援していること**

→　埼玉県は暴力・ハラスメント対策の施策を検討する際、先行して対策を実施している兵庫県の支援を受け、具体的な施策を策定していきました。2024年には、福岡県が埼玉県での殺傷事件を受けて在宅医療・介護現場の実態調査を実施しました。そして、先行した２県の取り組みを参考に、対応マニュアルの作成や研修の実施、相談窓口の設置、訪問時に活用できる安全対策機器導入等経費や複数名訪問費用の補助を開始しています。対人援助の現場でのハラスメント防止を、自治体が支援する取り組みは残念ながらまだ多くありません。今後も、このように先行自治体が後を追う自治体を支援する取り組みが、さらに広がっていくことを願います。

弁護士の眼

兵庫県、埼玉県とも、行政として非常に意欲的な取り組みです。予算を確保し、新しい制度で介護や医療の関係者を守る姿勢には頭が下がる思いです。

一方で、両県が設置した、利用者等からのハラスメントについて介護職員等が相談できる窓口は、まだ設置している自治体が少ないと聞きます。契約書には、サービスに対する苦情等を利用者等が相談する窓口は明記されている一方で、利用者等によるハラスメントを事業者が相談する窓口が未整備なのはフェアではないと感じます。

また、多くの自治体では、いろいろな相談の窓口を設けていますが、そうした窓口では介護サービス事業者からの相談を受け付けていないところがまだ多いようです。介護サービス事業者には中小事業者が多く、弁護士と顧問契約をしている事業者ばかりではありません。そのため、特に法的な問題についての相談をしにくいという声を聞きます。ハラスメント問題、それに対応するための法的対応を含めた方策等について、介護サービス事業者が気軽に相談できる自治体窓口の整備が必須ではないかと思います。

第９章
契約書等の記載事項

すでに述べたように、ハラスメントの防止において、契約時の説明は非常に重要です。契約書等にも、ハラスメント発生を想定した条項の記載が必要です。ここでは、ハラスメント防止のために工夫して作成している、訪問介護事業所、住宅型有料老人ホーム、居宅介護支援事業所の契約書をそのまま掲載し、一例として紹介します。

ただし、決して契約書のひな形として紹介するという趣旨ではありません。各事業所で契約書について検討する際の参考例としてください。

第１節　訪問介護の契約書

下記は、ある訪問介護事業所の契約書の「契約の終了」の条文のうち、事業者からの契約の解約に関する条項の抜粋です。

> 次の事由に該当する場合、事業者は書面で通知することにより、直ちに本契約を解約することができます。
>
> ①　お客様の利用料金の支払いが１か月以上遅延し、支払いを催告したにもかかわらず、15日以内に支払われない場合。
>
> ②　お客様またはそのご家族等が、故意に介護保険法その他諸法令に抵触するもしくは著しく常識を逸脱する行為をなし、またはそのような行為を事業者に求め、事業者の再三の申し入れにもかかわらず改善の見込みがなく、本契約の目的を達することが著しく困難な場合。
>
> ③　お客様またはそのご家族等が、故意もしくは重大な過失により事業者もしくはサービス提供者の生命・身体・財産・信用等の侵害・毀損、または著しい背信行為もしくは度重なる罵倒・暴言・脅迫等により信頼関係を破壊し、本契約を継続することが著しく困難な場合。

この事業所では、ハラスメントを想定した行為を列記し、契約の時点で要援護者・その家族にハラスメント行為をしないよう注意喚起しています。「度重なる罵倒・暴言・脅迫等により信頼関係を破壊し」と、どのような行為が続くことで信頼関係が損なわれ、結果として契約の継続ができなくなるかをわかりやすく伝えています。

また、この訪問介護事業所では、重要事項説明書に「サービス内容」を下記のように明記しています。

(1)　身体介護
　① 食事介助　→食事介助、水分補給
　② 排泄介助　→おむつ交換、失禁処理
　③ 更衣介助　→寝巻きや日常着の着脱等
　④ 清拭　→保清の為の全身・部分清拭
　⑤ 入浴介助　→全身浴、部分浴等
　⑥ 整容　→洗髪、整髪、歯磨き等
　⑦ 体位交換　→褥瘡予防の為の体位交換等
　⑧ 移乗介助　→ベッドから車椅子への移乗等
　⑨ 移動外出介助　→トイレ・浴槽への誘導、通院・買物時の介助
　⑩ 共に行う家事　→利用者と一緒に行う掃除・洗濯・調理等
　⑪ その他　→専門的調理、就寝や起床の介助、服薬の介助等
(2)　生活援助
　① 調理　→調理、盛付け、配膳、下膳等
　② 掃除　→居室、トイレ、浴室等
　③ 洗濯　→洗濯、乾燥、取り込み
　④ 買物　→日用品や食料品等の買物代行
　⑤ 衣服整理　→ボタン付け、整理、収納等
　⑥ 薬の受取　→処方箋薬の受け取り代行
　⑦ その他　→ベッドメイキング等
※訪問介護員はサービス提供の際、次の行為を行うことができません。
① 医療行為
② 利用者または家族からの金銭、物品、飲食の授受

③ 身体的拘束その他利用者の行動を制限する行為（緊急やむを得ない場合を除く）

※保険給付として適切な範囲を逸脱していると考えられる下記事項を求められた場合には、サービス提供をお断りする場合があります（別途契約に基づく介護保険外のサービスとして、利用者の全額自己負担によってサービス提供することは可能です）

① 利用者以外の洗濯・調理・買物・掃除等「直接本人の援助」に該当しない行為

② 草むしりやペットの世話等「日常生活の援助」に該当しない行為

③ 大掃除、床のワックスがけ等「日常的に行われる家事」の範囲を超える行為

介護保険で提供できるサービス内容は、事業者はもちろん熟知していますが、利用する要援護者・その家族は詳しく知らなくて当然、と考えるべきです。

残念なことですが、ホームヘルパーをいまだに「お手伝いさん」と考える高齢者もいます。訪問介護を、ケアプランに基づいて提供されている、自立支援のためのサービスだと理解できていないケースも少なくありません。この点については、ケアマネジャーとも連携し、契約の時点で十分理解してもらうことがハラスメントを防ぐためにも大切です。

また、介護保険のサービスとして提供できない事柄についても、この事業所のように重要事項説明書に具体例を記載し、契約の時点で説明しておくことは有効です。

第2節 住宅型有料老人ホームの契約書

第8章第2節で、ハラスメント対応事例を紹介した住宅型有料老人ホームCでは、事例のケースのあと、「事業者からの契約解除」条項を見直し、記載内容を追加、変更しています。波線部が追加、変更した部分です。

第○条（事業者からの契約解除）

事業者は、入居者が次の各号のいずれかに該当し、かつ、そのことが本契約をこれ以上将来にわたって維持することが社会通念上著しく困難と認められる場合に、本契約を解除することがあります。

一　入居申込書に虚偽の事項を記載する、心身の状態を偽る等の不正手段により入居したとき

二　月払いの利用料その他の支払いを正当な理由なく、しばしば遅滞するとき

三　第◎条（禁止又は制限される行為）の規定に違反したとき

四　入居者の行動（暴力や暴言、他人の居室等への無断侵入等）が、職員および他の入居者の生命に危害を及ぼす恐れがあり、かつ入居者に対する通常の介護方法ではこれを防止することができないとき

2　前項の規定に基づく契約の解除の場合は、事業者は次の各号の手続きによって行います。

一　契約解除の通告について30日の予告期間をおく。しかし前項第四号の暴力により職員、他の利用者が怪我を

負った場合は身元引受人に連絡し即日退去とする。事情により即日退去できない場合には、他の利用者の安全を考慮し、身元引受人が退去するまで24時間付き添うこととする。

二　前号の通告に先立ち、入居者及び身元引受人等に弁明の機会を設ける

三　解除通告に伴う予告期間中に入居者の移転先の有無について確認し、移転先がない場合には入居者や身元引受人等、その他関係者・関係機関と協議し、移転先の確保について協力する

３　本条第１項第四号によって契約を解除する場合には、事業者は前項に加えて次の各号の手続きを行います。しかし本条第１項第四号の暴力により職員、他の利用者が怪我を負った場合はこの限りではない。

一　医師の意見を聴く

二　一定の観察期間をおく

※第◎条は居室の使い方等の禁止・制限条項

有料老人ホームＣでは、職員を守るために問題とする入居者の行動を契約書に明示し、「暴力で他の入居者、職員にけがをさせたら、いかなる場合も即日退居」という方針を明確化しました。

民・民の契約である有料老人ホームでは、入居者等のハラスメント行為にどこまで対応するかは事業所の方針次第です。過剰な排除はあってはなりませんが、許容できない行為とその後の対応を契約書で明示することは、入居者・その家族にも入居を決める上での重要な情報となります。

なお、有料老人ホームＣでは契約書とは別に、次のような文書を用意して説明を行っています。

住宅型有料老人ホームＣへ入居にあたって

☆　敷金は半年入居で償却クリーニング費用となります。

☆　居室内の金品や貴重品は自己責任での管理です。紛失等の責任は負いかねます。施設金庫保管の預り金制度をご利用ください。

☆　衣類の洗濯は管理費に含まれていますが、ウール製品などクリーニング必要衣類は対応できません。

☆　洗濯は提携洗濯業者が行います。衣類に名前のないものは返却が難しくなります。必ず記名をお願いいたします。

☆　定期受診の付き添いはご家族対応をお願いしていますが、受診送迎は、運転手が出勤していて、送迎車両が空いていれば無料で可能ですのでご依頼ください。病院付き添い依頼は有料（1時間あたり2,500円）でお受けできます。入院対応はご家族がご対応ください。

☆　基本的に週１回の居室清掃とリネン交換を行います。より細かな清掃ご希望の方は訪問介護を依頼しますので、職員までご相談くださいませ。

☆　有料老人ホーム職員が最低２名以上常にいます。生活サービスが中心ですが可能な限りの介助を行います。

☆　ナースコールなどによる対応を職員が行いますが、必ず即時対応できるわけではありません。

☆　転倒など事故を完全には防げません。緊急時にはご家族へ連絡するとともに救急対応等を行います。

☆　認知症の方もお住まいです。ご理解・ご了承をお願いします。

☆　施設に入居したいが特養に入れないなどの理由で介護保険サービスをお使いになることを前提とした方が入居可能です。自立認定で介護保険サービスの使えない方や著しく介護保険サービスを必要としない方はご入居できません。

☆　入院時はお部屋をそのまま確保いただけますが、長期の入院時は３カ月をめどに一旦退居をお願いいたします。

有料老人ホームの場合、介護付き、住宅型など類型による介護体制の違いを、契約前に十分理解してもらう必要があります。また、人が動けば事故が起きるリスクは常にあることを承知しておいてもらうことも必要です。こうした文書で丁寧に説明を行うことは、入居後のトラブルを未然に防ぐよい予防策だと言えます。

第３節　居宅介護支援事業所の契約書

下記は、ある居宅介護支援事業所の契約書の「契約の終了」の条項です。

> 第○条　契約の終了
>
> １　（省略）
>
> ２　事業者は、やむを得ない事情がある場合、利用者と契約者に対して、１か月間の予告期間をおいて理由を示した文書で通知することにより、この契約を解約することができます。この場合、事業者は当該地域の他の指定居宅介護支援事業者に関する情報を契約者に提供します。
>
> ３　事業者は、契約者と利用者またはその家族が事業者や介護支援専門員に対して、この契約を継続し難いほどの背信行為を行った場合、文書で通知することにより、直ちにこの契約を解約することができます。
>
> ４　事業者は、契約者と利用者またはその家族が、居宅サービス計画に位置づけた指定居宅サービス事業者等の利用料の滞納が多額になった場合、文書で通知することにより、直ちにこの契約を解約することができます。
>
> ５　事業者は、契約者と利用者またはその家族から介護支援専門員にセクシュアルハラスメントや暴行（唾を吐きかけることも含まれます）があった場合は、直ちにこの契約を解約することができます。
>
> ６　（省略）

ハラスメントを理由とした解約の場合、上記第３項にある「この契約を継続し難いほどの背信行為を行った場合」などを適用することが一般的です。この事業所の場合、さらに第５項を追加し、「セクシュアルハラスメントや暴行（唾を吐きかけることも含まれます）があった場合」と、ハラスメント行為を理由に契約を解約する場合があることをはっきりと伝えています。

契約時点で、ハラスメントは許されない行為であり、契約解除の理由になると伝えることは、ハラスメント予防につながります。

ハラスメント予防では、環境面でのリスク要因を把握し、あらかじめ対策をとることも大切です。この事業所では、近年増えているペットに関係するトラブルを回避するため、下記のような条項を設け、注意喚起しています。

犬や猫など動物のことが好きな人と、そうでない人がいます。動物アレルギーの人もいます。来客に犬や猫などが大興奮し、熱烈な歓迎で飛びつかれたり、顔をなめられたりするのは苦手という人もいます。介護支援専門員の場合、業務に支障をきたすこともあります。室内で犬や猫などを飼われている場合、介護支援専門員が訪問している間は、ケージやサークルに入れるなど、介護支援専門員と犬や猫などが接しないようご協力をお願いします。お願いしても改善されない場合や対応できない場合は、契約終了とさせていただくこともあります。ペット動物の対応は公的介護保険対象外です。

①　介護支援専門員が訪問先でペット動物に噛まれたり、けがを負わせられた場合は、飼い主に治療費を請求することもあります。

②　ペット動物の食事や排泄物は衛生的な管理をお願いします。

③　多頭飼育崩壊は通報します。

この事業所ではまた、所属するケアマネジャーが利用者（要援護者）・その家族から様々な用件への対応を求められ、断り切れずに引き受けることがしばしばありました。そのため、契約書に引き受けることができない用件を下記の通り列記し理解を促しています。

１　契約者・利用者は、介護支援専門員へ現金、通帳・印鑑、カードの預かりと管理を依頼してはならない。
２　介護支援専門員は、契約者・利用者の現金、通帳・印鑑、カードの預かりと管理をしてはならない。
①　利用者の居宅の鍵を預かり保管をしてはならない。
３　介護支援専門員は契約者・利用者との間で、１円たりとも金銭の貸し借りをしてはならない。
４　契約者・利用者は、介護支援専門員へ家族代行を依頼してはならない。
５　介護支援専門員は、契約者・利用者の家族代行をしてはならない。
①　介護支援専門員は医療同意をしてはならない（医療同意権がない）。
②　介護支援専門員は連帯保証人をしてはならない。
６　介護支援専門員と契約者・利用者が、いびつな関係、従属関係にならない。
７　契約者・利用者及びその家族と介護支援専門員は、互いの誹謗中傷をインターネット掲示板、SNS（ソーシャル・ネットワーキング・サービス）に書き込んではならない。この契約終了後も同様。

ケアマネジャーは、特に身寄りのない一人暮らしの利用者を担当していると、担い手のない様々な用件を引き受けざるを得ないことがあります。しかし、そうした用件を一度引き受けるとそれが常態化し、さらに様々な用件への対応を求められる恐れがあります。そしてその対応を巡って、ハラスメントが起きる可能性もあります。

ケアマネジャーの本来業務は、当然ながらケアマネジメントです。にもかかわらず、今、本来は担う必要のない雑務にケアマネジャーが忙殺されていることが問題になっています。

できないこと、引き受けられないことを契約書に明示し、契約段階でしっかり説明しておくことは、雑務を増やさず、ハラスメントを回避する有効な事前予防策です。

しかし、ケアマネジャーが雑務を担わざるを得ない問題は、もはや一事業所、一ケアマネジャーだけで解決できるレベルを超えています。老老世帯、一人暮らし世帯の増加など、家族機能の低下への対応を置き去りにしてきた、国や行政の不作為が引き起こしたハラスメントだと言ってもいい状況です。

2024年４月、国もケアマネジャーを取り巻く様々な問題を重く見て、「ケアマネジメントに係る諸課題に関する検討会」を招集。業務負担の問題も含め、検討を進めています。自分たちを取り巻くこうした問題についてケアマネジャー自身も地域の事業所、あるいは職能団体で共に考え、主体的に発信していくことが期待されます。

弁護士の眼

契約書で重要なのは主に契約解除の条項です。利用者等からのハラスメントによる契約解除は、「正当な理由」が必要になります。「正当な理由」となるかどうかの判断に当たっては、ハラスメントによる結果の重大性、ハラスメントの再発可能性、契約解除以外のハラスメント防止方法の有無・可否および契約解除による利用者の不利益の程度等を考慮する必要があります。

「正当な理由」が肯定される可能性のある場合としては、例えば以下のようなケースが考えられます。

> 利用者が職員に対し身体的暴力をふるい、他の施設・事業所及び関係機関の担当者とともに利用者と話し合った。しかし、再発の可能性があり、かつ、複数名訪問等の再発防止策の提案も拒否されたとき、契約解除の予告期間を置き、後任の施設・事業所の紹介その他の必要な措置を講じて契約を解除した場合。
>
> （厚生労働省「対策マニュアル」より）

反対に、「正当な理由」が否定される可能性のある場合としては、ハラスメントによる結果が軽微で、ハラスメントの再発可能性も低いにもかかわらず、前述のような必要な措置を講じることなく、直ちに契約を解除した場合などです。

契約解除の予告期間については、ハラスメント行為継続による業務への支障の度合いや事業所の余力等によっても異なります。即日退居を求めるという契約条項を設けている事業所もあるようですが、訴訟になった場合、こうした観点から争点の一つになる可能性は否定できません。

このほか、契約では、「できること」と「できないこと」など業務の範囲や個人情報保護などについて、理解を得る必要があります。契約書、重要事項説明書だけでなく、別添えの説明文書等も用いて、契約内容についてわかりやすく説明し、十分に理解してもらった上で承諾の署名を得ることが、後のクレームやハラスメント対策として重要です。個人情報保護については、108ページのコラムも参照してください。

なお、契約書を作成する際は法令での記述方法に準じると、それを踏まえたルールであることが伝わりやすくなります。例えば、「職員および他の入所者の生命に危害を及ぼす恐れがあり」は、「～生命、身体、財産およびその他の権利を害する恐れがあり」とするなど、重要なものから順に並べて、最後に「および」以下で拾い上げるような記述の方がよいかもしれません。契約書については、できれば弁護士に相談して作成することをお勧めします。

介護事業所は、弁護士と顧問契約をしていない場合も多いと思います。その場合は、法律相談（相場は30分5,000円＋消費税程度）という形で弁護士に意見を聞くこともできますので検討しましょう。専門弁護士の選定が難しければ、例えば、各都道府県の弁護士会から相談先の紹介を受けることもできます。

最後に、本章扉にも書かれていることですが、ここに掲載されているのはあくまでも契約書の一例です。決して、契約書のひな型を紹介する趣旨ではないことを重ねてお伝えしておきます。

※　本書では、イラストにより一目でわかるハラスメント防止の説明用文書（A4表裏）を作成しました（巻頭カラーページ）。巻末のダウンロードキーで、日本法令ホームページから無料でダウンロードできます。契約時の説明の際などに是非活用してください。

終　章

ハラスメント問題が起きにくい職場とは

介護現場等での要援護者・その家族による不適切な行為は、残念ながら完全になくすことは難しいものです。ただ、すでに述べたように、不適切な行為が介護職等の心身にダメージを与え、正常な支援が困難になる「ハラスメント」にまで発展するかどうかは、職場の対応によるところが大きいと考えます。どのような職場であればハラスメントが起きにくいのかを、改めてここでまとめ、この本を締めくくります。

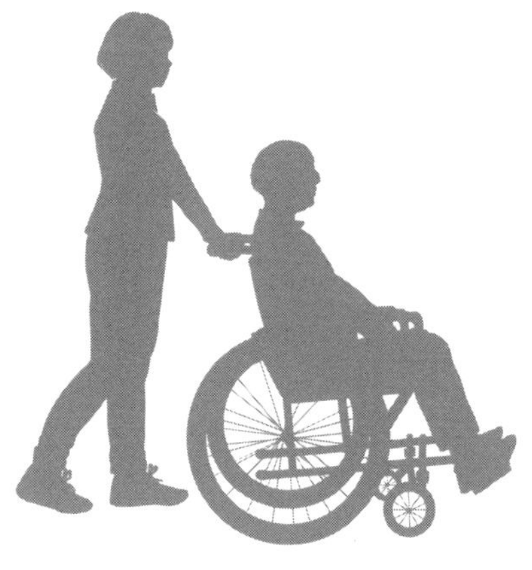

職員の小さなつまずきにすぐ気づける

要援護者・その家族による不適切な行為は、背景にアセスメント不足がある場合が多々見られます。支援に当たっては、まず、生活歴や価値観、考え方、大切にしているもの、得意なこと、苦手なこと、家族との関係など、要援護者一人ひとりのことを詳しく知ることです。その上で、要援護者等がどのような支援を望んでおり、介護職等はどのような支援が必要と考えているかをすりあわせます。支援は、そうした丁寧なアセスメント、ニードの把握、支援内容の合意に基づいて行っていきます。そして、それができるよう、職員を育成することは大切です。

しかし、職員の力量には、残念ながらどうしても差があるものです。要援護者等との組み合わせの問題で、十分に実力を発揮できない場合もあるでしょう。支援がうまくいかず悩んでいる、戸惑っている職員がいたら、すぐに誰かが気づける職場でありたいものです。

小さな悩みや戸惑いの段階で、周囲が適切なサポートができる職場では、それが大きな問題に発展しにくくなります。例えば、要援護者等からの不適切な行為があったとしても、初期の段階で支援のあり方を修正するなど、対応が可能だからです。ハラスメントに限らず、支援過程、そして職場で起きる問題は、できるだけ早く気づき、初期消火することが一番です。

すぐ相談できる信頼関係がある

同僚や部下が悩んでいることに気づいて声をかけても、信頼関係がなければ、声をかけられた側はすんなりとは相談できないかもしれません。すでに述べたように、何か落ち度があれば責められ、批判される職場では、職員は弱みを見せることができないのです。

そうした職場を相談しやすい職場に変えていくには、まず管理者が自分の対応を変えることです。失敗を責めないと決めたら、何があっても責めない。失敗した職員に明らかに落ち度があると思っても、職員を励ましながら事後対応を一緒に行っていくことです。

失敗しても責められず、自分のいる場が安心・安全だと感じられるようになれば、人は失敗や困りごとを次第にオープンに語るようになっていきます。ただし、そこに至るには長い時間がかかります。弱みを見せられない職場であった期間が長ければ長いほど、その職場の持つ空気が変わるには時間がかかるでしょう。「対応を変える」と決めた管理者には、相当の忍耐が必要です。しかし、忍耐の結果、信頼関係のある職場に変わり、得られるものは非常に大きいと言えるでしょう。

Point 3 職員同士が助け合える

職員同士、表面的には仲がいいけれど、互いに今一歩踏み込もうとしない。だから、困ったときにも助け合う風土が乏しい。そんな職場は、実は少なくありません。

職員個々が独立していて、個を尊重していると言えば聞こえはいいですが、心が通じ合わずバラバラです。大きな問題が起きたときには結束できず、適切に対応できない恐れがあります。信頼関係が築ければ、助け合いの風土は自然と生まれていきますから、そうした職場はまだ信頼関係が十分築けていないとも言えます。

こうした職場では、誰かが「おせっかい」になることが大切です。第一歩を踏み出すのは、やはり管理者であることが望ましいものです。管理者の対応が変われば、次第に職員も変わっていきます。

管理者が、困っている職員、悩んでいる職員に声をかける。そして、負担を軽くするために、援助の手を差し伸べる。もちろん、職員同士で声の掛け合い、助け合いをスタートさせてもいいことは言うまでもありません。

情けは人のためならず、ということわざがあります。困ったときに誰かに助けてもらうには、まず自分が困っている誰かを助ける人になることです。他者への厚意はいずれ自分に返ってきます。

互いに助け合える職場では、困りごとが大事にならないうちに解決しやすくなります。要援護者等と行き違いがあっても職員同士で情報交換し、よりよい対処方法を考え、伝え合うこともできます。その結果、ハラスメントを芽の段階で摘むことにつながるのです。

Point 4 事業所として職員を守る姿勢が明確である

そして、最も重要なのは事業所としての姿勢です。現場の職員や管理者がどれほど頑張っても、事業所に職員を守る姿勢がなくては、どこかで行き詰まります。反対に、事業所トップが「何があっても職員を守る」という方針を明確に打ち出し、その姿勢を具体的に見せれば、水がしみこむように組織も職員も変わっていきます。

打ち出した方針が、口先だけではいけません。職員が「守られている」と感じられる対応を、根気よく示し続けることが大切です。

これからの時代、権利意識がますます高まり、ハラスメントは増えていくとも言われています。しかし、多くの事業所が「職員を守る」という明確な姿勢を示し、要援護者・その家族の権利意識による不適切な行為にダメ出しをしたらどうでしょうか。不当な要求を要援護者等に押し戻すことで、支援は適正なラインに落ち着いていくはずです。そして、ハラスメントの発生も抑えられていくのではないかと思うのです。

職員を守る事業所の姿勢と安心・安全な職場づくり。

ハラスメント対策は、マニュアル整備だけでなく、こちらにこそ積極的に取り組んでいただきたいと思います。それが一番のハラスメント対策になるものと思います。

〔引用・参考文献〕

1) 厚生労働省「介護現場におけるハラスメント対策マニュアル（令和4（2022）年3月改訂）」（2024年7月10日閲覧）
https://www.mhlw.go.jp/content/12305000/000947524.pdf
2) 厚生労働省「介護現場におけるハラスメント対策」（2024年7月10日閲覧）
https://www.mhlw.go.jp/stf/newpage_05120.html
3) 中央社会福祉審議会社会福祉構造改革分科会「社会福祉基礎構造改革について（中間まとめ）平成10年6月17日」（2024年7月10日閲覧）
https://www.ipss.go.jp/publication/j/shiryou/no.13/data/shiryou/syakaifukushi/699.pdf
4) 狭間香代子著『社会福祉の援助観―ストレングス視点・社会構成主義・エンパワメント』（筒井書房、（第2刷）、2006年）
5) A.R. ホックシールド著、石川准・室伏亜希訳『管理される心　感情が商品になるとき』（世界思想社、（第4刷）、2004年）
6) 武井麻子著『ひと相手の仕事はなぜ疲れるのか―感情労働の時代』（大和書房、2006年）
7) 伊藤正男、井村裕夫、高久史麿総編集『医学大辞典』（医学書院、（第2版）、2009年）
8) 厚生労働省「精神障害の労災認定の基準に関する専門検討会報告書（平成23年11月8日）」（2024年11月2日閲覧）
https://www.mhlw.go.jp/stf/shingi/2r9852000001uc1c-att/2r9852000001uc4s.pdf
9) m3.com ニュース・医療維新「熱血漢で、責任感ある医師の銃殺から1年―関谷治久・前東入間医師会会長に聞く◆ Vol.1」（2024年4月7日閲覧）
https://www.m3.com/news/iryoishin/1110254
10) 厚生労働省「第2回 顧客等からの著しい迷惑行為の防止対策の推進に係る関係省庁連携会議（2021年3月23日開催）」（2024年7月10日閲覧）
https://www.mhlw.go.jp/stf/newpage_18160.html
11) 厚生労働省「カスタマーハラスメント対策企業マニュアル」（2024年7月10日閲覧）
https://www.mhlw.go.jp/content/11900000/000915233.pdf
12) 厚生労働省「労働契約法のあらまし」（2024年7月10日閲覧）
https://www.mhlw.go.jp/bunya/roudoukijun/roudoukeiyaku01/dl/13.pdf
13) 厚生労働省「精神障害の労災補償状況」（令和5年度）（2024年9月5日閲覧）
https://www.mhlw.go.jp/content/11402000/001276199.pdf
14) 介護労働安定センター「令和4年度介護労働実態調査 介護労働者の就業実態と就業意識調査 結果報告書」
15) 介護労働安定センター「令和4年度 介護労働実態調査（特別調査）介護事業所のハラスメントに関する調査 結果報告書」

16）厚生労働省「事業主が職場における優越的な関係を背景とした言動に起因する問題に関して雇用管理上講ずべき措置等についての指針（令和 2 年厚生労働省告示第 5 号）【令和 2 年 6 月 1 日適用】」（2024 年 7 月 11 日閲覧）
https://www.mhlw.go.jp/content/11900000/000605661.pdf
17）厚生労働省「事業主が職場における性的な言動に起因する問題に関して雇用管理上講ずべき措置についての指針（令和 2 年厚生労働省告示第 6 号・改称）【令和 2 年 6 月 1 日適用】」（2024 年 7 月 11 日閲覧）
https://www.mhlw.go.jp/content/11900000/000605548.pdf
18）厚生労働省「事業主が職場における性的な言動に起因する問題に関して雇用管理上講ずべき措置についての指針等の一部を改正する告示（厚生労働省告示第 6 号）」【令和 2 年 6 月 1 日適用】（2024 年 7 月 11 日閲覧）
https://www.mhlw.go.jp/content/11900000/000584516.pdf
19）P.F. ドラッカー著、上田惇生編訳『マネジメント【エッセンシャル版】―基本と原則』（ダイヤモンド社、（第 27 刷）、2010 年）
20）榎本博明「高齢者の心理」（季刊家計経済研究、spring No.70、2006 年）
21）黒川由紀子・斎藤正彦・松田修著『老年臨床心理学―老いの心に寄り添う技術』（有斐閣、（初版第 2 刷）、2009 年）
22）大塚智丈「認知症の人への診断後の心理的支援とピアサポート」（老年精神医学雑誌、第 30 巻第 12 号、2019 年）
23）橋本衛・一美奈緒子・津野田尚子「初期認知症者の心理状態を重視した BPSD の予防と対応」老年精神医学雑誌、第 31 巻第 4 号、2020 年）
24）シシリー・ソンダース著、小森康永編訳『シシリー・ソンダース初期論文集 1958 – 1966：トータルペイン緩和ケアの源流をもとめて』（北大路書房、2017 年）
25）村田久行「終末期がん患者のスピリチュアルペインとそのケア」（日本ペインクリニック学会誌、Vol.18 No.1、2011 年）
26）藤井美和「人の苦しみとスピリチュアルペイン：ソーシャルワークの可能性」（ソーシャルワーク研究、Vol.38、No.4、2013 年）
27）石川結貴著『毒親介護』（文藝春秋、2019 年）
28）内閣府「令和 6 年版高齢者社会白書 3 家族と世帯」（2024 年 7 月 11 日閲覧）
https://www8.cao.go.jp/kourei/whitepaper/w-2024/zenbun/pdf/1s1s_03.pdf
29）藤川君江・田中康雄「一人暮らし男性高齢者の生活を支える身体的・心理的・社会的要因と生活課題―過疎・高齢化の豪雪 3 地域の後期高齢者を対象として―」（人間関係学研究、第 23 巻第 1 号、2018 年）
30）日本心理学会監修、長田久雄・箱田裕司編『超高齢社会を生きる―老いに寄り添う心理学』（誠信書房、2016 年）

31）熊谷晋一郎「自立は、依存先を増やすこと 希望は、絶望を分かち合うこと」（公益財団法人東京都人権啓発センター『TOKYO 人権』第 56 号）（2024 年 7 月 11 日閲覧）
https://www.tokyo-jinken.or.jp/site/tokyojinken/tj-56-interview.html
32）平木典子著『三訂版 アサーション・トレーニング さわやかな＜自己表現＞のために』（日本・精神技術研究所、2023 年）
33）中村正「妄想＝暴走する男たち：ハラスメントの要の位置にある男性性ジェンダー」（臨床心理学、第 18 巻第 5 号、2018 年）
34）杉山登志郎著『発達障害のいま』（講談社、（第 7 刷）、2012 年）
35）岡田尊司著『パーソナリティ障害 いかに接し、どう克服するか』（PHP 新書、Kindle 版）
36）ポーリン・ボス著、南山浩二訳『「さよなら」のない別れ 別れのない「さよなら」－あいまいな喪失－』（学文社、2005 年）
37）湯原悦子「在宅介護者の心理的リスクとその支援」（老年精神医学雑誌、第 29 巻第 2 号、2018 年）
38）無藤清子「高齢者の介護者への心理社会的支援―コミュニティと臨床心理のナラティヴな協働に向けて―」東京女子大学女性学研究所、Women's Studies 研究報告 No.29、2009 年）
39）矢吹知之編『認知症の人の家族支援―介護者支援に携わる人へ―』（ワールドプランニング、2015 年）
40）吉岡隆編『共依存 自己喪失の病』（中央法規出版、第 4 刷、2004 年）
41）福井義一・島 義弘「子ども時代の虐待的養育環境と成人愛着スタイルが情動コンピテンスに及ぼす影響」（感情心理学研究、20 巻 Supplement 号、2013 年）
42）坂爪真吾著『セックスと超高齢社会「老後の性」と向き合う』（NHK 出版、2017 年）
43）荒木乳根子他著『認知症高齢者とセクハラ』（日本看護協会出版会、2022 年）
44）介護労働安定センター「令和 5 年度介護労働実態調査 介護労働者の就業実態と就業意識調査 結果報告書」
45）高橋幸子「対人ストレスを身近な他者に相談する過程の検討」（カウンセリング研究 Vol.46 No.1、2013 年）
46）厚生労働省「介護事業所・生活関連情報情報検索 介護サービス情報公表システム どんなサービスがあるの？―訪問介護（ホームヘルプ）」（2024 年 7 月 11 日閲覧）
https://www.kaigokensaku.mhlw.go.jp/publish/group2.html
47）厚生労働省「管理者向け研修のための手引き」（2024 年 7 月 11 日閲覧）
https://www.mhlw.go.jp/content/12305000/000947344.pdf

48）厚生労働省「地域ケア会議の運営について（平成25年度地域ケア会議運営に係る実務者研修 企画委員会 委員）」（2024年7月11日閲覧）
https://www.mhlw.go.jp/file/05-Shingikai-12301000-Roukenkyoku-Soumuka/4_9_2.pdf
49）警察庁「各都道府県医師会及び医療機関との連携の推進等について（通達）」（2024年7月11日閲覧）
https://www.npa.go.jp/laws/notification/2024iryoukikanrenkei.pdf
50）三木明子「『暴力の被害を受けた人』を理解できていますか？―暴力の被害にあったスタッフへの対応」（訪問看護と介護、vol.22 no.11、2017年）
51）片田珠美著『なぜ、「怒る」のをやめられないのか「怒り恐怖症」と受動的攻撃』（光文社、2012年）
52）伊藤美緒・宮本真巳・高橋龍太郎「不同意メッセージへの気づき：介護職員とのかかわりの中で出現する認知症の行動・心理症状の回避にむけたケア」（老年看護学、Vol.15 No.1、2011年）
53）伊藤美緒「BPSDの予兆としての不同意メッセージという考え方の提案」（老年精神医学雑誌、第31巻第4号、2020年）
54）山下由美著『クレーム対応 最強の話しかた』（ダイヤモンド社、2019年）
55）中村正「ハラスメント加害者の更生はいかにして可能か―加害者への臨床心理社会学的な実践をもとにして考える」（日本労働研究雑誌、No.712、2019年）
56）林千冬他「【調査報告】訪問看護師が利用者・家族から受ける暴力の実態と対策―兵庫県下における実態調査の結果から」（訪問看護と介護、vol.22 no.11、2017年）
57）藤田愛「『暴力』の問題に取り組まざるを得なくなった日からの歩み」（訪問看護と介護 vol.22 no.11、2017年）
58）厚生労働省「障害福祉の現場におけるハラスメント対策」（2024年9月16日閲覧）
https://www.mhlw.go.jp/stf/seisakunitsuite/bunya/0000070789_00012.html
59）厚生労働省「介護保険最新情報　Vol.833　令和2年5月14日」（2024年11月2日閲覧）
https://www.wam.go.jp/gyoseiShiryou-files/documents/2020/0514125614220/ksvol.833.pdf

[謝　辞]

本書執筆、そして改訂にあたり、お忙しい中、ご協力くださいました皆様には心より御礼申し上げます。

川崎市介護支援専門員連絡会様
居宅介護支援事業所フジケア様
ケアマネジャー　山田準一様
株式会社あおいけあ様
株式会社ウメザワ様
株式会社オールプロジェクト様
株式会社ケアリッツ・アンド・パートナーズ様
ステップ介護様
SOMPO ケア株式会社様
社会福祉法人合掌苑様
社会福祉法人こうほうえん様
社会福祉法人若竹大寿会様
社会福祉法人弘仁会様
UA ゼンセン日本介護クラフトユニオン様
公益財団法人介護労働安定センター様
一般社団法人日本在宅介護協会様
兵庫県様
埼玉県様
福岡県様
他、本文に記載させていただきました事業所の皆様
(順不同)

〔著者略歴〕

宮下 公美子
高齢者介護を中心に、介護現場でのハラスメント、認知症ケア、地域づくり等について取材する介護福祉ライター。社会福祉士として認知症高齢者の成年後見人、公認心理師・臨床心理士としてクリニックの心理士も務める。また、介護現場のハラスメント対策やメンタルヘルスケアなどについての講演、研修講師も行っている。著書として、『多職種連携から統合へ向かう地域包括ケア』（メディカ出版）、分担執筆として『地域包括ケアサクセスガイド』（メディカ出版）、『医療・介護・福祉の地域ネットワークづくり事例集』（素朴社）など。早稲田大学第一文学部日本文学専攻卒業。東京女子大学大学院文学研究科心理学専攻臨床心理学分野修了。
Yahoo! ニュース 個人 エキスパート　オーサー
https://news.yahoo.co.jp/expert/authors/miyashitakumiko
講演・研修講師のご依頼は、kumiko@e-miyashita.com へ。

〔法律監修者略歴〕

弁護士　海野 宏行
中央大学法学部法律学科卒
1986 年弁護士登録（神奈川県弁護士会所属）
みなと綜合法律事務所所長
医療事件への取組みを通して、在宅医療・介護分野の方々と出会い、近い将来の自分ごととして相談応需・講演活動を行っている。

購入者特典！

ハラスメント防止の説明用文書（PDF ファイル）がダウンロードできます。

データのダウンロード・ご利用の方法

1．ソフトウェア要件

本書のデータは、日本法令ホームページ上からダウンロードしてご利用いただくものですので、インターネットに接続できる環境にあるパソコンが必要です。
また、データファイルを開く際には Adobe Reader がインストールされていることが前提となります。

2．使用承諾

万一本書の各種データを使用することによって、何らかの損害やトラブルがパソコンおよび周辺機器、インストール済みのソフトウェアなどに生じた場合でも、著者および版元は一切の責任を負うものではありません。
このことは、各種ファイルのダウンロードを選択した際のメッセージが表示されたときに「開く（O）」または「保存する（S）」を選択した時点で承諾したものとします。

3．使用方法

①日本法令のホームページ（https://www.horei.co.jp）にアクセスし、上部中央にある「商品情報（法令ガイド）」をクリックします。

②右下の「出版書」のコーナーの、「購入者特典：書籍コンテンツ付録データ」の文字をクリックします。

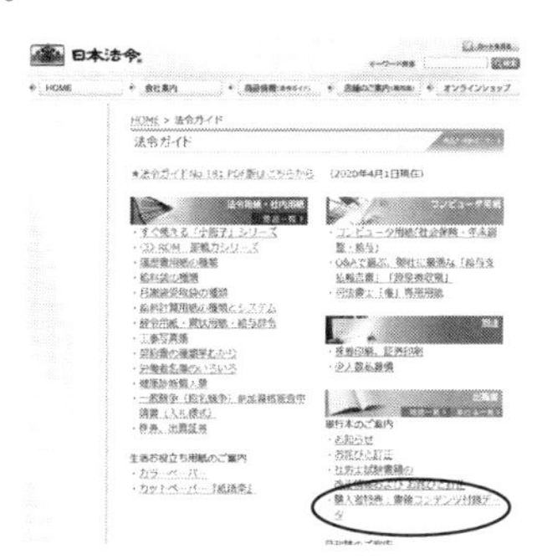

③ご利用いただけるファイルの一覧が表示されますので、お使いのものを選んでファイルを開くか、またはデータを保存のうえご利用ください。また、データにはパスワードがかかっています。パスワードは **kaigomamoru251** です。

改訂版
介護職員を利用者・家族による
ハラスメントから守る本

令和7年1月10日　改訂初版

〒101－0032
東京都千代田区岩本町1丁目2番19号
https://www.horei.co.jp/

検印省略

著　者　宮下公美子
発行者　青木鉱太
編集者　岩倉春光
印刷所　日本ハイコム
製本所　国宝社

(営　業)	TEL	03-6858-6967	Eメール	syuppan@horei.co.jp
(通　販)	TEL	03-6858-6966	Eメール	book.order@horei.co.jp
(編　集)	FAX	03-6858-6957	Eメール	tankoubon@horei.co.jp

(オンラインショップ)　https://www.horei.co.jp/iec/
(お詫びと訂正)　https://www.horei.co.jp/book/owabi.shtml
(書籍の追加情報)　https://www.horei.co.jp/book/osirasebook.shtml

※万一、本書の内容に誤記等が判明した場合には、上記「お詫びと訂正」に最新情報を掲載しております。ホームページに掲載されていない内容につきましては、FAXまたはEメールで編集までお問合せください。

ISBN 978-4-539-73068-3